EN BUSCA DE ASILO

Huntersville, Carolina del Norte, EEUU, noviembre 8 2018

Publicado por primera vez por Juan Rodulfo
Copyright © 2018 por Juan Rodulfo
Reservados todos los derechos.
Ninguna parte de esta publicación puede ser reproducida, almacenada o transmitida en cualquier forma o por cualquier medio, electrónico, mecánico, fotocopiar, grabar, escanear o de otro modo sin permiso por escrito del editor. Es ilegal copiar este libro, publicarlo en un sitio web o distribuirlo por cualquier otro medio sin permiso.

Juan Rodulfo no tiene ninguna responsabilidad por la persistencia o exactitud de URL de sitios web de Internet externos o de terceros a los que se hace referencia en esta publicación y no garantiza que el contenido de dichos sitios web sea, o permanecerá, exacta o apropiada.

Las denominaciones utilizadas por las empresas para distinguir sus productos suelen ser reclamados como marcas comerciales. Todas las marcas y nombres de productos utilizados en este libro y en su portada, nombres comerciales, marcas de servicio, marcas registradas son marcas registradas de sus respectivos propietarios. Los editores y el libro no están asociados con ningún producto o proveedor mencionado en este libro. Ninguna de las empresas u organizaciones a las que se hace referencia en el libro lo han respaldado.

Catálogo de la Biblioteca del Congreso
Nombre: Rodulfo, Juan
ISBN: 9781731111685 (paperback) | ISBN: 9798330418312 (e-book) | ISBN: 9798330418305 (hardcover)
Primera edición
Diagramación de Juan Rodulfo
Arte de portada por Juan Rodulfo
Producción: Aussie Trading, LLC
books@aussietrading.ltd
Impreso en EE. UU.

enbuscadeasilo.com

*"El humano es la única especie en la tierra
que caza, tortura y asesina
a sus iguales por placer."*

enbuscadeasilo.com

enbuscadeasilo.com

Contenido

PROEMIO 9
DEFINICIÓN 17
   El derecho de asilo 18
      Inglaterra medieval 19
      Asilo político moderno 24
DATOS RELEVANTES 27
AMERICA 41
   Estados Unidos 41
   Las "Caravanas" 43
   Los Centros de Detención 51
   Los tribunales de inmigración en Estados Unidos ... 58
EUROPA Y ÁFRICA 61
   Unión Europea 61
   Francia 61
   Reino Unido 65
   Muertes en el Mediterráneo 65
OCEANIA Y ASIA 71
   Myanmar Rohingya: Lo que necesitas saber sobre la crisis 71
      ¿Quiénes son los rohingya? 71
      Por qué están huyendo? 72
      ¿Cuál es la magnitud de la crisis? 74
VENEZUELA 77
   Informe de derechos humanos en Venezuela 2017. 77
   Informe de Amnistía Internacional 2017/18: Venezuela 81
      Antecedentes 82
      Libertad de expresión 82
      Libertad de Reunión 83
      Uso excesivo de la fuerza 84
      Arrestos y detenciones arbitrarias 87
      Tortura y maltratos 88
      Defensores de los derechos humanos 89

enbuscadeasilo.com

Sistema de Justicia 90
Prisioneros de Conciencia 91
Escrutinio Internacional 92
Desapariciones Forzadas 92
Impunidad 93
Detención 94
Derecho a la Comida 95
Derecho a la Salud 96
Derecho de las Mujeres 96
Derechos Sexuales y Reproductivos 97
Refugiados y Solicitantes de Asilo 97
Human Rights Watch País Sumario: Venezuela 98
Sanciones de EEUU 112
Ordenes Ejecutivas: 113
BUROCRACIA 114
La Declaración Universal de los Derechos Humanos
.... 114
Preámbulo 114
Estados Unidos 125
Ley de Inmigración y Nacionalidad de 1965 126
Europa 141
Sur África 145
Australia 152
EL AUTOR 157
Publicaciones: 158
Libros: 158
Blogs: 159
Producciones Audiovisuales: 159
Podcasts: 159
Música: 159
Fotografía y Video: 159
Perfiles de redes sociales: 160
Donde conseguir sus libros: 160
Otras publicaciones del Autor. **Error! Bookmark not defined.**

Permanecer CALLADO, el único derecho que tenemos. Los Aliens legales **Error! Bookmark not defined.**

Manual para Gorilas: 9 Reglas para ser el Dictador "Fer-pecto"............**Error! Bookmark not defined.**

¿Por qué Maslow?.**Error! Bookmark not defined.**

enbuscadeasilo.com

NOTA A LA PRIMERA EDICION: La segunda parte de este libro la titulé: **PERMANECER CALLADO,** El único derecho que tenemos. Los Aliens Legales, publicado en 2023 la versión en Inglés y 2024 la versión en Español.

enbuscadeasilo.com

PROEMIO

¿Qué pasa con los humanos? ¿Hay alguien por ahí en Gobiernos o Círculos de Poder con algún sentido de respeto por el Planeta Tierra y sus Habitantes?

Actualmente es 2018, he estado viviendo en los Estados Unidos desde que fui forzado, junto con Yohana, mi esposa y Sofía, nuestra hija de 7 años, a huir del país en el que nací y crecí en 2014, dejando atrás a Padres, Hermanos, Familiares, amigos, sueños y gran parte de nuestros corazones.

Fue en julio de 2014, cuando mi esposa y yo comenzamos a vender nuestras pertenencias para recaudar fondos para el viaje, en silencio para evitar alertar a nuestros perseguidores y mantener a nuestros padres y amigos libres de más preocupaciones. Debido al creciente desastre económico-social causado por la pseudo "Revolución Bolivariana", no pudimos encontrar un vuelo juntos, entonces mi esposa y mi hija salieron del país a través de Colombia-Nueva York a finales de septiembre, quedándome atrás por un par de semanas para luego volar vía México-Miami.

enbuscadeasilo.com

Este par de semanas fue una de las más largas que he experimentado, sin acceso a teléfonos celulares para comunicarme con ellas, apenas WhatsApp cuando encuentren acceso a WiFi, con preocupaciones sobre cómo estarían Yohana y Sofía, primero si pudieran salir de nuestro País Venezuela, luego el tránsito por Colombia y al final si podrían alcanzar el territorio estadounidense o serían deportadas o detenidas. Solo en casa tratando de concentrarme, ser optimista y distraerme un poco, decidí alquilar la película de Matt Damon y Jodie Foster Elysium: "En 2154, la Tierra está superpoblada y contaminada. La mayoría de los ciudadanos de la Tierra viven en la pobreza, al borde de la inanición y con poca tecnología y atención médica. Los ricos y poderosos viven en Elysium, un hábitat espacial gigantesco en la órbita de la Tierra. Elysium es tecnológicamente avanzado, con dispositivos como Med-Bays que pueden curar todas las enfermedades, revertir el proceso de envejecimiento y regenerar partes del cuerpo. Existe una larga disputa entre Elysium y la Tierra, cuyos residentes quieren que la tecnología de Elysium cure sus enfermedades.

Max Da Costa (Matt Damon), ex ladrón de automóviles en libertad condicional, vive en las ruinas de Los Ángeles y trabaja en una línea de ensamblaje para Armadyne Corp. Dirigida por el CEO John Carlyle, quien originalmente diseñó Elysium, Armadyne Corp. produce el armamento de Elysium, así como los robots que vigilan la tierra. Durante un accidente industrial en la fábrica, Max queda atrapado en un horno de microondas y está expuesto a una dosis letal de radiación. Después de ser rescatado, se le informa que tiene cinco días de vida antes de sucumbir al envenenamiento por radiación. Desesperado por una cura, él y su amigo Julio buscan la ayuda de un contrabandista humano llamado Spider para llevarlo a Elysium; Su única posibilidad de supervivencia es usar un Med-Bay.

Mientras tanto, cuando tres naves que transportan inmigrantes ilegales de la Tierra intentan llegar a Elysium, la Secretaria de Defensa Delacourt (Jodie Foster) le ordena al agente durmiente Kruger que destruya los transbordadores. Mientras dos de los transbordadores son derribados en el espacio, matando a todos a bordo, el tercer transbordador evade los misiles. Sin embargo, una vez en Elysium, todos los que están a bordo son asesinados o deportados.

Spider acepta llevar a Max a Elysium si puede robarle información financiera a Carlyle. Para ayudarlo, los hombres de Spider le colocaron quirúrgicamente un exoesqueleto eléctrico a Max. Al final, Spider y Max alcanzan el núcleo de la computadora de Elysium, donde Spider se da cuenta de que la activación del programa matará a Max. Max activa personalmente el programa, habiendo hablado por última vez con Frey a través de la radio. Cuando Max muere, el núcleo informático de Elysium se reinicia y registra a todos los residentes de la Tierra como ciudadanos elíseos. El presidente Patel llega con guardias de seguridad, pero los robots se niegan a arrestar a Spider, a quien ahora reconocen como ciudadano. "Matilda se cura con una computadora Med-Bay y Elysium envía una enorme flota de barcos médicos para comenzar el tratamiento de la gente de la Tierra".

Por supuesto, yo no era Matt Damon ni Yohana Jodie Foster, pero la historia era la misma que vivíamos en ese momento, grandes cantidades de población muriendo por falta de alimentos, medicinas y enfermedades, que sufren violencia y son perseguidos por gobiernos o organizaciones criminales, huyendo lejos de sus espacios originarios al Sur de la Tierra Sur a estos "Países desarrollados"[i] del Hemisferio Norte en busca de salvar sus vidas para encontrar el Encarcelamiento, el Racismo y el Hostigamiento de algunos funcionarios

enbuscadeasilo.com

gubernamentales. Afortunadamente, estaba solo en casa para ocultar mis lágrimas de frustración de mi Esposa e Hija.

Ayudados por dos de mis mejores amigos, ambos ex oficiales del Ejército Venezolano que se encontraron en busca de asilo en los EE.UU., luego de ser acusados como "Enemigos de la Revolución", por la Dictadura que rige ese pedazo de tierra llamado Venezuela, mi familia y yo encontramos refugio, comida, trabajo y gracias a haber aprendido inglés llenamos nuestra propia solicitud de asilo.

Era 2015, después de mi llegada, me reencontré con una ex alumna y amiga, que necesitaba ayuda para encontrar refugio, comida, ropa, muebles, trabajo, un automóvil y orientación para presentar su solicitud de asilo en inglés. Mi esposa y yo ya tenemos todas estas conexiones guardadas y listas para compartir: Refugio: la Comunidad en la que ya vivíamos como intérpretes; Alimentos y ropa: Ada Jenkins y Lydia's Loft Organizaciones sin fines de lucro en este código postal; Atención médica: Clínica Gratuita de Lake Norman; Orientación para solicitar una licencia de conducir y un automóvil: un par de amigos de "compre aquí-pague aquí" Negocios de automóviles usados en Charlotte, NC. Luego llegó un familiar, otro familiar, el amigo de un amigo, era 2017; la población de solicitantes de asilo crecía a un ritmo acelerado y publiqué el sitio web asiloenusa.info, para tener y compartir en un solo lugar información sobre cómo solicitar asilo, Noticias de todo el mundo y Noticias de la Oficina de Inmigración de los Estados Unidos (USCIS).

Al momento de publicar este libro (noviembre de 2018), hemos conocido y ayudado a más de cien familias venezolanas en sus solicitudes de asilo, incluida una de Ecuador y una de Colombia. Este mismo año, dos "Caravanas", alrededor de 7 mil personas de bajos recursos económicos forzadas por la Violencia de Organizaciones Criminales, Gobiernos Abusivos y Pobreza se dirigen caminando desde sus espacios originarios en América Central y México en busca de salvar sus vidas en los Estados Unidos.

En el otro lado del Planeta Tierra, más de 100 mil personas en las mismas o peores condiciones de las "Caravanas", arriesgan sus vidas al cruzar el Mar Mediterráneo desde África hasta Europa, causando la muerte de grandes porcentajes de esta población, por inanición o ahogamiento.

¿QUÉ ESTÁ MAL CON LOS HUMANOS?

¡OH! giremos el Globo de la Tierra un poco a la izquierda y nos conseguiremos con el Genocidio de los Rohingya por parte del Ejército de Myanmar.

La lista aumenta por lo cual me cansé de los conceptos de "Gobierno", "Nacionalismo", "Patriotismo", "Banderas", "Ciudadanía", "Monedas", todo esto relacionado con la opresión de la mayoría por unos pocos que se esconden detrás de Nombres Corporativos llamados Países con todos sus conceptos individuales de "Patria", impulsándome a publicar esta investigación sobre el Asilo y ¿Por Qué Maslow? (visite: porquemaslow.com), donde trato de abordar la pobreza como resultado de las políticas de gobierno-corporaciones basadas en la Teoría de Maslow.

1

DEFINICIÓN

El Diccionario Collins define el Asilo político como: "El derecho a vivir en un país extranjero y el gobierno de ese país lo otorga a las personas que tienen que abandonar su propio país por razones políticas". También dice: "El asilo político es "El derecho a vivir en un país extranjero, y es otorgado por el gobierno de ese país a las personas que tienen que abandonar su propio país porque están en peligro de persecución".

Inglés: political asylum
Portugués-Brasilero: asilo político
Chino: 政治避难
Español europeo: asilo político
Frances: asile politique
Alemán: politisches Asyl
Italiano: asilo politico
Japonés: 政治亡命者の保護
Koreano: 정치적 망명

Português Europeo: asilo político
Español: asilo político[ii]

El derecho de asilo

El derecho de asilo (a veces llamado derecho de asilo político, de la antigua palabra griega ἄσυλον) es un antiguo concepto jurídico, según el cual una persona perseguida por el propio país puede ser protegida por otra autoridad soberana, como otro país o funcionario eclesiástico, quien en la época medieval podía ofrecer santuario. Este derecho ya fue reconocido por los egipcios, los griegos y los hebreos, de quienes fue adoptado en la tradición occidental. René Descartes huyó a los Países Bajos, Voltaire a Inglaterra y Thomas Hobbes a Francia, porque cada estado ofreció protección a los extranjeros perseguidos.

Los egipcios, griegos y hebreos reconocieron un "derecho de asilo" religioso, protegiendo a los delincuentes (o los acusados de delitos) de acciones legales hasta cierto punto. Este principio fue adoptado más tarde por la iglesia cristiana establecida, y se desarrollaron varias reglas que detallan cómo calificar para la protección y qué grado de protección recibiría.

enbuscadeasilo.com

El Consejo de Orleans decidió en 511, en presencia de Clovis I, que el asilo podría otorgarse a cualquier persona que se refugiara en una iglesia o propiedad de la iglesia, o en la casa de un obispo. Esta protección se extendió a asesinos, ladrones y adúlteros por igual.

Que "Toda persona tiene derecho a buscar y disfrutar en otros países el asilo de la persecución" está consagrada en la Declaración Universal de los Derechos Humanos de las Naciones Unidas de 1948 y está respaldada por la Convención de 1951 sobre el Estatuto de los Refugiados y el Protocolo de 1967 sobre la Estado de los refugiados. En virtud de estos acuerdos, un refugiado es una persona que se encuentra fuera del territorio del país de esa persona por temor a la persecución por motivos protegidos, como raza, casta, nacionalidad, religión, opiniones políticas y participación en cualquier grupo social o actividad social en particular.

Inglaterra medieval

En Inglaterra, el rey Æthelberht de Kent proclamó las primeras leyes anglosajonas sobre el santuario en aproximadamente 600 DC. Sin embargo, Geoffrey de Monmouth en su Historia Regum Britanniae (c. 1136) dice que el legendario rey pre-sajón Dunvallo Molmutius

(4to / 5to siglo AC) promulgó leyes de santuario entre las Leyes de Molmutine según lo registrado por Gildas (c. 500–570). El término "grith"[iii] fue usado por las leyes del rey Ethelred. En la era Normanda que siguió a 1066, dos tipos de santuario habían evolucionado: todas las iglesias tenían los poderes de nivel inferior y podían otorgar un santuario dentro de la iglesia propiamente dicha, pero los poderes más amplios de las iglesias con licencia del estatuto real extendían el santuario a una zona alrededor de la iglesia. Al menos veintidós iglesias tenían cartas para este santuario más amplio, incluyendo:

- Battle Abbey
- Beverley
- Colchester
- Durham, Inglaterra
- Hexham
- Norwich
- Ripon
- Catedral de Wells
- Catedral de Winchester
- Monasterio de Westminster
- York Minster

A veces, el delincuente tenía que llegar a la capilla para protegerse, o tocar un timbre, sostener un anillo o alguien que llamaba a la puerta, o sentarse en una silla determinada ("banqueta"). Algunos de estos artículos sobreviven en varias iglesias. En otros lugares, el santuario se encuentra en un área alrededor de la iglesia o abadía, a veces se extiende en un radio de hasta una milla y media. Las "cruces del santuario" de piedra marcaron los límites del área; Algunas cruces todavía existen también. Por lo tanto, podría convertirse en una carrera entre el delincuente y los oficiales de la ley medieval hasta el límite del santuario más cercano. Servir a la justicia en la flota a pie podría ser una propuesta difícil.

Los santuarios de la iglesia estaban regulados por la ley común. Un solicitante de asilo tenía que confesar sus pecados, entregar sus armas y permitir la supervisión de una iglesia u organización de abadía con jurisdicción. Los buscadores tenían cuarenta días para decidir si rendirse ante las autoridades seculares y ser juzgados por sus presuntos delitos, o confesar su culpa, abandonar el reino, ir al exilio por la ruta más corta y nunca regresar sin el permiso del rey. Aquellos que regresaron se enfrentaron a una ejecución bajo la ley y/o excomunión de la Iglesia.

enbuscadeasilo.com

Si los sospechosos decidían confesar su culpabilidad y abjuro, lo hacían en una ceremonia pública, generalmente en las puertas de la iglesia. Ellos entregarían sus posesiones a la iglesia, y cualquier propiedad de la tierra a la corona. El forense, un funcionario medieval, entonces elegiría una ciudad portuaria de la que el fugitivo debería abandonar Inglaterra (aunque el fugitivo a veces tenía este privilegio). El fugitivo salía descalzo y con la cabeza descubierta, llevando un bastón de madera como símbolo de protección debajo de la iglesia. Teóricamente, se quedarían en la carretera principal, llegarían al puerto y tomarían el primer barco fuera de Inglaterra. En la práctica, sin embargo, el fugitivo podría alejarse a una distancia segura, abandonar el espacio limitado por la cruz y comenzar una nueva vida. Sin embargo, uno puede asumir con seguridad que los amigos y familiares de la víctima sabían de esta estratagema y harían todo lo posible para asegurarse de que esto no sucediera; o incluso que los fugitivos nunca llegaron a su puerto de escala previsto, convirtiéndose en víctimas de la justicia del vigilante bajo el pretexto de un fugitivo que vagaba demasiado lejos de la carretera principal mientras trataba de "escapar".

Sabiendo las opciones sombrías, algunos fugitivos rechazaron ambas opciones y optaron por escapar del asilo antes de que pasaran los cuarenta días. Otros simplemente no hicieron elección y no hicieron nada. Dado que era ilegal que los amigos de la víctima ingresaran en un asilo, la iglesia privaría al fugitivo de comida y agua hasta que se tomara una decisión.

Enrique VIII cambió las reglas de asilo, reduciendo a una lista corta los tipos de delitos por los cuales las personas podían solicitar asilo. El sistema medieval de asilo fue finalmente abolido por completo por James I en 1623.

Durante las Guerras de las Rosas, cuando los Yorkistas o los Lancastrianos obtuvieran la ventaja de ganar una batalla, algunos seguidores del lado perdedor podrían encontrarse rodeados de seguidores del otro lado y no podrían volver a su propio lado. Al darse cuenta de esta situación, se apresuraban a refugiarse en la iglesia más cercana hasta que fuera seguro salir. Un buen ejemplo es la reina Elizabeth Woodville, consorte de Eduardo IV de Inglaterra.

En 1470, cuando los habitantes de Lancaster restauraron brevemente a Enrique VI al trono, la reina Isabel vivía en Londres con varias hijas. Se mudó con ellos a Westminster para refugiarse, viviendo allí con comodidad real hasta que Edward IV fue restaurado al trono en 1471 y dio a luz a su primer hijo Edward V durante ese tiempo. Cuando el rey Eduardo IV murió en 1483, Elizabeth (que era muy impopular incluso con los Yorkistas y probablemente necesitaba protección) tomó a sus cinco hijas y su hijo menor (Richard, duque de York) y se mudó nuevamente al santuario de Westminster. Para asegurarse de que tuviera todas las comodidades del hogar, trajo tantos muebles y tantos cofres que los trabajadores tuvieron que hacer agujeros en algunas de las paredes para que todo estuviera lo suficientemente rápido como para adaptarse a ella.

Asilo político moderno

El artículo 14 de la Declaración Universal de los Derechos Humanos dice que "Toda persona tiene derecho a buscar y disfrutar en otros países del asilo de la persecución". La Convención de las Naciones Unidas de 1951 sobre el Estatuto de los Refugiados y el Protocolo de 1967 sobre el Estatuto de los Refugiados orientan la legislación nacional relativa al asilo político. En virtud de estos acuerdos, un refugiado (o para los casos en que se ha aplicado el medio de base de represión directa o ambientalmente al refugiado) es una persona que se

encuentra fuera del territorio del propio país de esa persona (o lugar de residencia habitual si es apátrida) debido al temor de persecución en terrenos protegidos. Los motivos protegidos incluyen raza, casta, nacionalidad, religión, opiniones políticas y membresía y / o participación en cualquier grupo social particular o actividades sociales. La entrega de verdaderas víctimas de la persecución a su perseguidor es una violación de un principio llamado non-refoulement[iv] (No devolución), parte de la Ley de Naciones consuetudinaria y trucial.[v].
Estos son los términos y criterios aceptados como principios y una parte fundamental en la orden de no devolución de la Convención de las Naciones Unidas de 1951 sobre el Estatuto de los Refugiados.

Desde la década de 1990, las víctimas de persecución sexual (que pueden incluir violencia doméstica, o la opresión sistemática de un género o una minoría sexual) han sido aceptadas en algunos países como una categoría legítima para las solicitudes de asilo, cuando los reclamantes pueden probar que el estado no puede o no dispuesto a proporcionar protección.

2

DATOS RELEVANTES

El 18 de junio de 2018, Sadof Alexander publicó en línea: 8 mitos peligrosos sobre los refugiados desacreditados[vi]:

Mito 1: la mayoría de los refugiados del mundo se encuentran en países ricos
Existe la creencia de que los Estados Unidos y muchos países europeos albergan a una gran cantidad de refugiados. En realidad, la mayoría de los refugiados del mundo viven en países pobres o de ingresos medios. La Agencia de Refugiados de la ONU estima que más de ocho de cada diez de los refugiados del mundo están protegidos por países en desarrollo. Turquía, Pakistán y el Líbano albergaron el mayor número de refugiados a mediados de 2016. Estos tres países combinados tienen 5,4 millones de refugiados.

Mito 2: La mayoría de los refugiados son adultos.

Convertirse en un refugiado es una situación increíblemente difícil para cualquier persona, pero aún más para los niños. Más de la mitad de todos los refugiados son niños. Eso es casi uno de cada 200 niños en el mundo. Muchos de estos niños están separados de sus padres, lo que significa que estos niños deben cuidarse a sí mismos e incluso manejar sus propios casos legales.

Mito 3: Los refugiados y los migrantes son lo mismo.
Aunque los dos términos a veces se usan indistintamente, los refugiados y los migrantes son términos separados y distintos. Los refugiados son personas que no pueden regresar a sus hogares de manera segura y buscan protección contra situaciones peligrosas. El término "refugiado" viene con un contexto legal específico que no se aplica a todos los migrantes.

Como lo expresa la Agencia de Refugiados de la ONU, "la combinación de "refugiados" y "migrante" puede socavar el apoyo público para los refugiados y la institución de asilo en un momento en que más refugiados necesitan tal protección que nunca".

Mito 4: Todos los refugiados proceden de zonas de guerra.

Si bien la mayoría de los refugiados de la historia han salido de la guerra, otros problemas también contribuyen a la crisis de los refugiados.

La persecución es una de las razones más comunes, que puede tomar muchas formas. La persecución religiosa, social, nacional, racial y política ha llevado a los refugiados.

El aumento del hambre es otro factor que ha contribuido a la crisis. Las severas sequías en el norte de África han creado inestabilidad alimentaria, llevando a millones de personas a ser desplazadas en busca de una fuente confiable de alimentos.

Mito 5: Es fácil para los refugiados reubicarse en otros países

La diferencia entre refugio y reasentamiento tiene un gran impacto en los refugiados. El reasentamiento garantiza que los refugiados tengan protección legal y física, incluido el acceso a derechos y servicios similares a los de los nacionales. A finales de 2016, menos del 1% de los refugiados fueron reasentados en otros países. Eso significa que menos del 1% de los refugiados tienen derecho legal a recibir recursos valiosos de la nación en la que se encuentran.

Mito 6: Los refugiados son una carga económica para otros países.

A pesar de la preocupación de que los refugiados plantearán problemas financieros a las naciones en las que se reubican, la investigación ha encontrado que aceptar refugiados en realidad impulsa las economías nacionales. Algunos expertos han argumentado que, aunque el costo inicial del reasentamiento puede ser alto, aceptar a los refugiados es una buena inversión en el futuro financiero de una nación.

El profesor Alexander Betts de la Universidad de Oxford apunta a Uganda, por ejemplo. "En Kampala, la ciudad capital, por ejemplo, encontramos que el 21 por ciento de los refugiados tienen negocios que emplean a otras personas y el 40 por ciento de esos empleados son ciudadanos del país anfitrión. En otras palabras, los refugiados estaban creando empleos. "Muchas de las empresas eran, incluso en los campamentos de refugiados, altamente innovadoras y conectadas en red en las estructuras de la economía global".

Además, en los Estados Unidos, el refugiado promedio se convierte en un contribuyente neto de las arcas públicas ocho años después de su llegada. Un estudio encontró que los refugiados realmente pagan más en impuestos que lo que reciben en beneficios, unos $21,000 más en los primeros 20 años en los Estados Unidos.

Mito 7: Una vez que un refugiado es reasentado en otro país, las cosas se vuelven más fáciles
La batalla que enfrentan los refugiados no termina una vez que se asientan en un nuevo país. Después del reasentamiento, los refugiados encuentran muchos problemas en sus nuevos países. Estos pueden incluir trauma, barreras del idioma, problemas financieros, discriminación y acceso a la educación. Estos obstáculos pueden ser aún más difíciles para los niños, que enfrentan grandes desafíos a edades muy tempranas.

Mito 8: No hay nada que pueda hacer para ayudar a la crisis de refugiados
En una situación global tan masiva, se puede sentir que una persona no puede hacer una diferencia, pero esto no es cierto. Todos los días la gente puede hacer mucho para ayudar a los refugiados. El voluntariado, la

sensibilización, las peticiones, las donaciones y más se pueden hacer para ayudar a los afectados por la crisis de refugiados.

Más números y hechos fueron publicados en este artículo por el Refugee Council[vii]:

Aquí están nuestros 20 datos principales basados en las últimas estadísticas de asilo.

1. El mundo está en las garras de una de las mayores crisis de refugiados de la historia. Alrededor de 60 millones de personas en todo el mundo se han visto obligados a huir de sus hogares.
2. Son los países pobres, no los ricos, los países occidentales, quienes cuidan de la gran mayoría de los refugiados del mundo. La Agencia de Refugiados de la ONU estima que el 86% de los refugiados del mundo están protegidos por países en desarrollo.

    El Líbano, un país que tiene la mitad del tamaño de Gales, acoge por sí solo a la misma cantidad de refugiados que huyeron a toda Europa el año pasado.

3. Las terribles escenas que estamos viendo en el Mediterráneo y en toda Europa son un síntoma de esta crisis más amplia. Pero no se equivoquen, esta es una crisis de refugiados. Según la Agencia de Refugiados de la ONU, el 84% de los que llegaron a Europa durante 2015 provinieron de los 10 principales países productores de refugiados del mundo.

4. Dado que el mundo está en las garras de la mayor crisis de refugiados desde la Segunda Guerra Mundial, comparativamente, pocas personas pueden llegar a Gran Bretaña en su búsqueda de seguridad.

   El año pasado, más de 1,2 millones de personas buscaron seguridad en Europa; casi el doble del número de solicitantes de protección en 2014. Sin embargo, Gran Bretaña recibió solo 38.878 solicitudes de asilo, incluidos dependientes.

5. Gran Bretaña no es el principal receptor de solicitudes de asilo en Europa. Alemania, Suecia, Francia, Hungría, Italia y Austria reciben significativamente más solicitudes que el Consejo de Refugiados de Gran Bretaña. Gran Bretaña

también recibe menos solicitudes que Bélgica, los Países Bajos y Suiza y un poco más que Finlandia. Juntos, Alemania y Hungría reciben más de la mitad de todas las solicitudes presentadas en la UE.

Gran Bretaña recibió solo el 3% de todas las solicitudes de asilo presentadas en la UE el año pasado.

El Consejo de Refugiados de Gran Bretaña está en el puesto 17 en Europa en términos de solicitudes de asilo por habitante.

6. Eso significa que más personas llegaron a Hungría en un solo mes el año pasado que el asilo en Gran Bretaña durante todo el 2015.

7. Gran Bretaña no ofrece visa de asilo. De hecho, hay muy pocas formas legales para que los refugiados escapen de su país y soliciten asilo en otro país. La verdad es que, cuando estalla la guerra, países como Gran Bretaña a menudo cierran las rutas legales de escape de los refugiados. Antes de que estallara el conflicto sirio, menos del 30% de las solicitudes de visas de viaje de sirios fueron rechazadas. En 2015, este se disparó a casi el 50%.

Los refugiados no ponen sus vidas en manos de contrabandistas porque quieren hacerlo. Lo hacen porque a menudo no tienen otra opción.

8. Esta falta de rutas seguras y legales para que los refugiados alcancen la seguridad y soliciten asilo tiene resultados mortales. En 2015, 3,771 hombres, mujeres y niños perdieron la vida durante su intento desesperado de cruzar el mar Mediterráneo. Cada muerte fue una tragedia. En lo que va del año, más de 400 personas han muerto.

9. Los eventos mundiales a menudo se relacionan directamente con las solicitudes de asilo. Los continuos disturbios en Medio Oriente y Sudán del Sur y una ola sostenida de personas que huyen de la tiranía en Eritrea provocaron aumentos en las solicitudes de esas nacionalidades. Las 5 principales nacionalidades que solicitaron asilo en Gran Bretaña el año pasado fueron:
    - Eritreo
    - Iraní
    - Sudanés
    - Sirio
    - Pakistaní

enbuscadeasilo.com

10. Los solicitantes de asilo representan una pequeña proporción de los recién llegados a Gran Bretaña. Las estadísticas de hoy muestran que 617,000 personas llegaron a Gran Bretaña en el año hasta septiembre de 2015; los solicitantes de asilo que vinieron a Gran Bretaña escapando de la persecución representaron solo el 6% de esa cifra. Por supuesto, no todos los solicitantes de asilo tendrán permiso para permanecer en Gran Bretaña.

11. El 39% de las decisiones iniciales tomadas el año pasado fueron subvenciones de algún tipo de protección.

12. Sin embargo, muchos refugiados tuvieron que depender de los tribunales en lugar del gobierno para brindarles la protección que necesitaban. La proporción de solicitudes de asilo permitidas en 2015 aumentó a 35% frente al 28% en 2014.

13. En 2015, el Consejo de Refugiados de Gran Bretaña fue testigo de un aumento sorprendente en la tasa de rechazo de los solicitantes de asilo eritreos debido a las nuevas directrices poco fiables que utiliza el Ministerio del Interior.

enbuscadeasilo.com

Estas pautas han sido ampliamente desacreditadas, pero el Ministerio del Interior se niega a revisarlas. Mientras tanto, muchos refugiados eritreos se ven obligados a confiar en los tribunales para brindarles la protección que necesitan. A finales de 2015, los tribunales anularon un sorprendente 90% de las negativas a las reclamaciones de Eritrea que fueron apeladas.

14. Los niños no acompañados eran mucho menos propensos que los adultos a recibir protección de refugiados. En general, el 34% de las decisiones sobre solicitudes de asilo fueron específicamente subvenciones de asilo, en comparación con solo el 27% de los niños separados. En cambio, a muchos niños separados se les concede una licencia de corto plazo para quedarse, que vence después de 2.5 años.

15. El número de refugiados sirios reasentados en Gran Bretaña fue de tan solo 1.337 desde que comenzó el conflicto. El gobierno ha prometido reasentar a 20,000 refugiados sirios para 2020. Eso es solo 4,000 al año. Hay 4.7 millones de refugiados sirios.

16. El número de sirios que han buscado asilo en Gran Bretaña desde que comenzó el conflicto asciende a solo 7.594. Solo en 2015, más de 388,000 sirios han llegado a Europa por mar. Como la mayoría de los refugiados del mundo, muy pocos sirios llegan a Gran Bretaña en su búsqueda de seguridad.

17. El atraso en los casos pendientes de una decisión aumentó a 26.409, un 15% más que en 2014. Cada uno de estos casos representa a una persona atrapada que vive en el limbo, esperando ansiosamente noticias de su destino.

18. A finales de 2015, el Gobierno apoyaba a 34.363 solicitantes de asilo y sus dependientes. Esta cifra ha aumentado cada trimestre desde finales de septiembre de 2012, pero aún se encuentra por debajo de la cifra de finales de 2003, cuando se apoyó a 80,123 solicitantes de asilo. Esto no significa que los solicitantes de asilo vivan en un lujo; lejos de ahí; las personas no tienen voz en el lugar donde viven y a menudo se las deja para sobrevivir con alrededor de £5 por día.

19. En 2015, en algún momento se encerró a 14.751 solicitantes de asilo en centros de detención.

Vergonzosamente, más de un tercio de todos los solicitantes de asilo se encuentran detenidos durante el proceso de asilo. A pesar de la promesa del Gobierno de 2010 de poner fin a la detención de niños por motivos de inmigración, 128 niños fueron encarcelados durante este tiempo. Dos tercios de los niños que abandonaron la detención fueron puestos en libertad, lo que hace que su detención no solo sea perjudicial sino inútil.

20. En el último año, solo 670 refugiados no sirios fueron reasentados en Gran Bretaña a través de programas ejecutados en conjunto con la Agencia de Refugiados de la ONU (ACNUR). Un número verdaderamente lamentable dado que otros países reasentan a miles de refugiados. *El ACNUR estima que hay alrededor de 1 millón de refugiados en todo el mundo que necesitan desesperadamente un lugar de reasentamiento.*

3

AMERICA

Estados Unidos

Los Estados Unidos reconocen el derecho de asilo de las personas según lo especificado por la ley internacional y federal. Un número específico de refugiados legalmente definidos que solicitan el estatus de refugiado en el extranjero, así como aquellos que solicitan asilo después de llegar a los Estados Unidos, son admitidos anualmente. Como se señaló en el artículo específicamente sobre el asilo y los refugiados en los Estados Unidos, desde la Segunda Guerra Mundial, más refugiados han encontrado hogares en los Estados Unidos que cualquier otra nación y más de dos millones de refugiados han llegado a los Estados Unidos desde 1980. Durante gran parte del En la década de 1990, los Estados Unidos aceptaron más de 100,000 refugiados por año, aunque esta cifra ha disminuido recientemente a alrededor de 50,000 por año en la primera década del siglo XXI, debido a mayores preocupaciones de seguridad. En cuanto a los solicitantes de asilo, las últimas estadísticas muestran que 86,400 personas buscaron refugio en los Estados Unidos en 2001. Antes de los ataques del 11 de septiembre, los solicitantes de asilo individuales fueron evaluados en procedimientos privados en los Servicios de Inmigración y Naturalización de los Estados Unidos (INS).

A pesar de esto, se han planteado preocupaciones con respecto a los procesos de determinación de asilo y refugiados de los Estados Unidos. Un análisis empírico reciente realizado por tres estudiosos legales describió el proceso de asilo de los Estados Unidos como un juego de ruleta de refugiados; es decir, que el resultado de las determinaciones de asilo depende en gran parte de la personalidad del adjudicador particular a quien se asigna una solicitud al azar, en lugar de en los méritos del caso. El número muy bajo de refugiados iraquíes aceptados entre 2003 y 2007 ejemplifica las preocupaciones sobre los procesos de refugiados de los Estados Unidos. La Asociación de Política Exterior informó que "Quizás el componente más desconcertante de la crisis de refugiados en Irak... ha sido la incapacidad de los EE. UU. De absorber a más iraquíes tras la invasión del país en 2003. Hasta la fecha, los EE.UU. han otorgado menos de 800 iraquíes estatus de refugiado, solo 133 en 2007. Por el contrario, Estados Unidos otorgó asilo a más de 100,000 refugiados vietnamitas durante la Guerra de Vietnam".[viii]

Las "Caravanas"

David Nakamura y Nick Miroff, escribieron el 1 de noviembre de 2018 en el Washington Post el siguiente artículo: el presidente Trump dijo el jueves que intentará tomar una acción ejecutiva la próxima semana para poner fin al "abuso" del sistema de asilo de EE. UU., un plan que podría incluir tiendas de campaña "en la frontera sur con el objetivo de retener a los migrantes por tiempo indefinido y dificultarles la permanencia en el país.

Pero Trump ofreció algunos otros detalles durante los comentarios en la Casa Blanca, donde reiteró las afirmaciones sin fundamento que ha hecho en las últimas semanas de que una caravana de migrantes de América Central, que viaja al norte a través de México a pie, representa una amenaza urgente para la seguridad nacional. Caracterizó al grupo, que incluye a muchas familias con niños, como peligroso y parecido a una "invasión".

Las declaraciones del presidente, transmitidas en vivo por cable, llegaron días antes de las elecciones de mediados del martes, la última oferta de Trump para hacer de la inmigración el principal tema de la campaña.

Trump dijo que las medidas de emergencia que planea tomar protegerían a Estados Unidos contra lo que calificó de un fraude rampante que amenaza con abrumar al sistema de inmigración de la nación.

El presidente no ofreció ninguna justificación legal para su plan, y descartó las preguntas sobre la legalidad de algunos de los métodos que sugirió que podrían emplearse, como detener a familias por tiempo indefinido o rechazar a los migrantes una audiencia en un tribunal de inmigración.

Tales movimientos probablemente desencadenarán desafíos legales de grupos de derechos civiles.

Trump también sugirió que los militares estadounidenses en la frontera podrían disparar a los miembros de la caravana si los migrantes lanzan piedras a los soldados.

Los abogados de la Casa Blanca, el Departamento de Seguridad Nacional y el Departamento de Justicia han luchado en las últimas semanas para que las amplias exigencias del presidente de suspender las protecciones humanitarias se ajusten a las leyes de los EE. UU. que protegen el derecho a buscar refugio en territorio estadounidense, independientemente de cómo el aplicante a asilo llegue al territorio norteamericano.

"Estas caravanas ilegales no serán permitidas en los Estados Unidos", dijo Trump. "Deberían regresar ahora. Están perdiendo el tiempo".

En una señal de que la administración se está moviendo para cumplir las órdenes de Trump, el DHS le pidió al Pentágono que proporcione hasta 8,000 camas de detención familiar en dos sitios, confirmó el jueves un funcionario de la administración a The Washington Post.

El presidente y sus aliados republicanos han expresado su confianza en que el mensaje de inmigración de línea dura de Trump motivará a su base conservadora mientras los republicanos tratan de mantener el control del Congreso. Los demócratas han acusado al presidente de avivar los temores públicos sobre un grupo de familias migrantes que se ha reducido y se mantiene a 800 millas de los Estados Unidos.

"El discurso del presidente fue un truco político destinado a aumentar el miedo y la xenofobia días antes de las elecciones", dijo en un comunicado el representante Bennie G. Thompson (Mississippi), el demócrata de mayor rango en el Comité de Seguridad Nacional de la Cámara de Representantes.

enbuscadeasilo.com

Omar Jadwat, director del Proyecto de Derechos de los Inmigrantes de la American Civil Liberties Union, dijo que la falta de detalles políticos de Trump mostró que estaba "tratando de inflamar su base en el período previo a las elecciones".

En sus comentarios, Trump elogió a las tropas, que el Pentágono dijo que actuarían en papeles de apoyo para ayudar a los agentes de la Patrulla Fronteriza de los Estados Unidos, que tienen la autoridad legal para hacer arrestos.

Trump afirmó que los soldados mexicanos fueron "heridos gravemente" durante los enfrentamientos con un segundo grupo de migrantes en la frontera con Guatemala el domingo pasado. "Estas son personas duras. En muchos casos, hay hombres jóvenes, hombres fuertes ", dijo Trump.

Pero las fuerzas mexicanas eran policías federales, no militares, y no hubo informes de heridos graves. Cuando se le preguntó si el ejército de los Estados Unidos usaría una fuerza letal, Trump sugirió que las tropas se verían obligadas a responder a las confrontaciones violentas.

"Quieren tirar piedras a nuestro ejército, nuestro ejército se defiende", dijo Trump. "Vamos a considerar, y les dije que lo consideraran un rifle".

enbuscadeasilo.com

Un portavoz del Pentágono se negó a especificar cómo reaccionarían los militares en el escenario establecido por Trump.

"No discutiremos situaciones hipotéticas o medidas específicas dentro de nuestras reglas sobre el uso de la fuerza, pero nuestras fuerzas son profesionales capacitados que siempre tienen el derecho inherente a la legítima defensa", dijo el teniente coronel Jamie Davis, portavoz del Pentágono. "También enfatizaría que nuestras fuerzas apoyan al DHS/CBP, que está realizando actividades de aplicación de la ley".

La noticia de los comentarios de Trump llegó a la caravana el jueves por la noche en Matías Romero Avendaño, en México, donde los inmigrantes estaban acampados en un campo deportivo empapado en las afueras de la ciudad.

"No dispararán porque no somos criminales", dijo Erik Miranda, de 39 años. Dijo que había vivido en los Estados Unidos durante 15 años y que había sido deportado dos veces a pesar de pedir asilo. "Qué horrible", dijo Daniela Carbajal, de 27 años, cuando le contaron la amenaza de Trump. "No estoy justificando el lanzamiento de piedras, pero recuerda: tenemos hijos entre nosotros".

Según la Ley de Refugiados de 1980, los migrantes que se presentan en los puertos de entrada de los Estados Unidos o llegan a territorio estadounidense y manifiestan que tienen miedo de ser perseguidos en sus países de origen tienen derecho a una evaluación de "miedo creíble". Esa revisión generalmente la realiza un oficial de asilo de los EE. UU. Para determinar si el solicitante debe ser remitido a un juez de inmigración.

Si los aprueba el oficial de asilo, los solicitantes suelen ser liberados en los Estados Unidos mientras esperan una audiencia, lo que podría demorar un año o más porque los tribunales de inmigración tienen una acumulación de más de 750,000 casos.

Trump dijo que un gran número de migrantes están siendo entrenados por abogados de inmigración para hacer solicitudes falsas de asilo y que más familias centroamericanas están haciendo el viaje porque la ley de los Estados Unidos impide que el gobierno federal detenga a los niños por períodos prolongados. El número de familias centroamericanas que buscan asilo alcanzó niveles récord este año.

El proceso, afirmó Trump, "se burla de nuestro sistema de inmigración".

Los analistas legales pusieron en duda la legalidad de los proyectos de planes, circulados dentro de la administración Trump, que emitirían denegaciones generales de asilo a grandes grupos de inmigrantes, en particular a aquellos que no llegan al país a través de los puertos de entrada oficiales.

"No puede, por mandato ejecutivo, derogar una ley del Congreso o una enmienda constitucional", dijo Deborah Anker, profesora de la Facultad de Derecho de Harvard. "Tiene que pedir una nueva legislación".

Trump dijo que los migrantes en la caravana no son solicitantes de asilo "legítimos", argumentando que la ley no debe usarse para dar cabida a las personas que huyen de la pobreza y está destinada a quienes escapan de la persecución política y religiosa.

La administración ya ha estado tratando de reducir las solicitudes de asilo.

En los últimos meses, los oficiales de Aduanas y Protección Fronteriza de los EE. UU. Han rechazado a miles de solicitantes de asilo antes de que puedan presentar una reclamación, diciéndoles que regresen más tarde, generalmente citando límites de capacidad. La práctica, conocida como "medición", está siendo cuestionada en un tribunal federal.

La caravana, un grupo fluido y poco organizado, contaba con más de 7,000 a principios de la semana pasada, según las Naciones Unidas, pero las estimaciones más recientes del gobierno mexicano sitúan la cifra en aproximadamente la mitad. Otras colecciones más pequeñas de migrantes también han estado viajando hacia el norte e intentando unirse al grupo principal.

Las autoridades mexicanas dicen que más de 2,000 migrantes han aceptado su oferta de buscar asilo allí y permanecer en el sur de México.

Si miles de personas en la caravana logran llegar a la frontera de los EE. UU. Y encuentran severas restricciones en su capacidad para solicitar asilo en cruces legales, podría aumentar significativamente la posibilidad de que intenten nadar o flotar a través del Río Bravo, incluso con miles Agentes de la Patrulla de Fronteras y Soldados estadounidenses que los esperan en el otro lado, advirtieron los expertos.

No está claro cómo se manejarían, pero Trump ha prometido no liberarlos dentro de los Estados Unidos mientras espera una audiencia en la corte, a pesar de que las cortes de los Estados Unidos han limitado la capacidad del gobierno para retener a los niños en cárceles de inmigración por más de 20 días.

enbuscadeasilo.com

"Estamos construyendo grandes ciudades de tiendas de campaña", dijo Trump el jueves. "No tenemos que liberarlos".[ix]

Los Centros de Detención

Wil S. Hylton publicó el 4 de febrero de 2015, un extraordinario artículo en The New York Times Magazine, titulado: "Los campos de detención familiar la vergüenza de los Estados Unidos"[x]:

Christina Brown entró en el campamento de refugiados después de un viaje de ocho horas por el desierto. Fue a fines de julio del año pasado; Brown era una abogada de inmigración de 30 años. Había pasado algunos años después de la universidad trabajando en campañas políticas, pero su licenciatura en derecho apenas tenía un año, y solo tenía dos clientes en su práctica privada en Denver. Cuando otros abogados le dijeron que el gobierno federal estaba abriendo un centro de detención masiva para inmigrantes en el sureste de Nuevo México, donde cientos de mujeres y niños serían alojados en remolques de metal rodeados de alambre de púas, Brown decidió ofrecer servicios legales voluntarios a los detenidos. No estaba segura exactamente de qué derechos podrían tener, pero quería asegurarse de que los obtuvieran. Ella empacó suficiente ropa para una semana, se detuvo en Target para recoger libros para colorear y juguetes y comenzó a conducir hacia el sur.

Cuando se detuvo en la polvorienta ciudad de Artesia, se dio cuenta de que todavía no tenía idea de qué esperar. El nuevo centro de detención estaba justo al norte de la ciudad, detrás de un puesto de guardia en un complejo en expansión con acceso restringido. Otros dos voluntarios habían estado en la ciudad durante aproximadamente una semana y tenían permiso de los funcionarios federales para acceder al complejo al día siguiente.

Brown pasó la noche en un motel y luego condujo al campo de detención por la mañana. Estaba en el estacionamiento barrido por el viento con los otros abogados, con vistas a las llanuras áridas de la meseta oriental. Después de unos minutos, una camioneta de transporte emergió de la instalación para recogerlos. Se detuvo en el estacionamiento, y los abogados siguieron adelante. Se sentaron en los fríos bancos de metal y miraron a través de las ventanas enjauladas mientras el autobús regresaba al complejo y atravesaba el sombrío paisaje marrón. Se detuvo en un pequeño remolque, y los abogados se retiraron.

Cuando abrieron la puerta del remolque, Brown sintió una ráfaga de aire frío. La habitación del frente estaba vacía, excepto por dos pequeños escritorios dispuestos cerca del centro. Una puerta en la parte de atrás se abrió para revelar a docenas de mujeres jóvenes y niños acurrucados. Muchos estaban demacrados y desnutridos, con círculos oscuros bajo sus ojos. "Los niños estaban muy enfermos", me dijo Brown más tarde. "Muchas de las madres los tenían en brazos, incluso los niños mayores, los tenían como bebés, y gritaban y lloraban, y algunos de ellos yacían allí con indiferencia".

Brown se sentó en un escritorio y un guardia trajo a una mujer a su encuentro. Brown le preguntó a la mujer en español cómo terminó detenida. La mujer explicó que tenía que escapar de su hogar en El Salvador cuando las pandillas se dirigían a su familia. "Su esposo acababa de ser asesinado, y ella y sus hijos encontraron su cuerpo", recuerda Brown. "Después de que fue asesinado, la pandilla comenzó a perseguirla y la amenazó con matarla". Brown aceptó ayudar a la mujer a solicitar asilo político en los Estados Unidos, explicando que podría ser posible pagar una pequeña fianza y luego vivir con amigos o familiares mientras esperaba una audiencia de asilo. Cuando la mujer regresó a la habitación de atrás,

Brown se encontró con otra, que estaba huyendo de las pandillas en Guatemala. Luego conoció a otra joven, que huyó de la violencia en Honduras. "Todos se estaban desmoronando", dijo Brown. "Nos decían que tenían miedo de irse a casa. Estaban llorando, diciendo que tenían miedo de sí mismos y de sus hijos. Fue un estribillo constante: "Moriré si vuelvo".

Cuando Brown salió del trailer esa noche, ella ya sabía que sería difícil irse al final de la semana. Las mujeres que conoció eran solo una fracción de las que estaban dentro del campamento, y el gobierno estaba haciendo planes para abrir una segunda instalación de casi el mismo tamaño en el condado de Karnes, Texas, cerca de San Antonio. "Recuerdo que pensé para mí misma que esta era una situación imposible", dijo. "Estaba abrumada y triste y enojada. Creo que la ira es lo que me hizo seguir".

Durante los últimos seis años, el presidente Obama ha tratado de hacer de los niños la pieza central de sus esfuerzos por poner una cara más amable a la política de inmigración de los Estados Unidos. A pesar de que su administración ha deportado a un número récord de inmigrantes no autorizados, superando los dos millones de deportaciones el año pasado, ha impulsado una mayor indulgencia hacia los niños indocumentados. Después de intentar y no aprobar la legislación Dream Act, que ofrecería un camino a la residencia permanente para los inmigrantes que llegaron antes de los 16 años, el presidente anunció una acción ejecutiva en 2012 para bloquear su deportación. En noviembre pasado, Obama agregó otra acción ejecutiva para extender protecciones similares a algunos padres indocumentados. "Vamos a seguir enfocando los recursos de aplicación de la ley en las amenazas reales a nuestra seguridad", dijo en un discurso el 20 de noviembre. "Los delincuentes, no las familias. Criminales, no niños. Miembros de pandillas, no una madre que está trabajando arduamente para mantener a sus hijos". Pero las nuevas políticas del presidente se aplican solo a los inmigrantes que han estado en los Estados Unidos por más de cinco años; no hacen nada para enfrentar la crisis emergente en la frontera hoy.

Desde el colapso económico de 2008, la cantidad de inmigrantes indocumentados provenientes de México se ha desplomado, mientras que una oleada de violencia en Centroamérica ha traído una ola de migrantes de Honduras, El Salvador y Guatemala. Según estadísticas recientes del Departamento de Seguridad Nacional, el número de refugiados que huyen de Centroamérica se ha duplicado solo en el último año, con más de 61,000 "unidades familiares" que cruzan la frontera de los Estados Unidos, así como 51,000 niños no acompañados. Por primera vez, más personas vienen a los Estados Unidos de esos países que de México, y vienen no solo por oportunidades sino por supervivencia.

La explosión de violencia en Centroamérica se describe a menudo en el lenguaje de la guerra, los cárteles, la extorsión y las pandillas, pero ninguno de ellos captura el caos que abruma a la región. Cuatro de las cinco tasas más altas de homicidios en el mundo se encuentran en naciones centroamericanas. El colapso de estos países es uno de los mayores desastres humanitarios de nuestro tiempo. Mientras que organizaciones criminales como la 18th Street Gang y Mara Salvatrucha existen como pandillas callejeras en los Estados Unidos, en gran parte de Honduras, Guatemala y El Salvador son tan poderosas y dominantes que han suplantado al gobierno por completo. Las personas que se oponen a estas pandillas, que habitualmente exigen dinero por la amenaza de muerte y, a veces, secuestran a niños para que sirvan de soldados y niñas como esclavas sexuales, no pueden recurrir a la ley ni una mejor opción que huir.

El sistema de inmigración estadounidense define un camino especial para los refugiados. Para calificar, la mayoría de los solicitantes deben presentarse ante las autoridades federales, pasar una "entrevista de temor creíble" para demostrar una posible base de asilo y proceder a través de una "audiencia de méritos" ante un juez de inmigración. Tradicionalmente, aquellos que han completado las dos primeras etapas tienen permitido vivir con familiares y amigos en los Estados Unidos mientras esperan su audiencia final, que puede ser meses o años más tarde. Si las autoridades creen que un solicitante no puede comparecer para esa fecha de corte, pueden exigir el pago de una fianza como garantía o colocar al refugiado en un sistema de monitoreo que puede incluir un brazalete de rastreo. En los casos más extremos, un juez puede negar la fianza y mantener al refugiado en un centro de detención hasta la audiencia de fondo.

Hay cerca de 200 centros de detención de inmigrantes en los Estados Unidos, que generalmente se encuentran lejos de las principales ciudades. Algunos albergan a varios miles de detenidos a la vez, mezclando "Aliens" que tienen antecedentes penales con otros que no los tienen.

El Departamento de Justicia publicó su primer conjunto de datos sobre las tasas de encarcelamiento de inmigrantes indocumentados ordenados por el presidente Trump en un esfuerzo por construir un caso para una aplicación más agresiva de las leyes de inmigración.

De los 45,493 reclusos nacidos en el extranjero en el sistema penitenciario federal conformados por 188,658 reclusos, el Departamento de Justicia dijo que 3,939 son ciudadanos estadounidenses.

De acuerdo con los datos de la agencia, se han emitido órdenes de inmigración para el 54,2 por ciento, aproximadamente 22,541, de los 41,554 inmigrantes restantes encarcelados. Otro 33.4 por ciento, aproximadamente 13,886 reclusos, están bajo investigación por parte de la Oficina de Inmigración y Control de Aduanas de los EE. UU. Para su posible remoción.

El Departamento de Justicia dijo que alrededor del 12,3 por ciento, o 5,101, de los inmigrantes ilegales tras las rejas todavía están esperando una sentencia y 26 han recibido alivio porque corren el riesgo de ser perseguidos o sufrir un daño grave si son deportados.[xi]

Los tribunales de inmigración en Estados Unidos

Durante un segmento el 1 de abril de 2018, el anfitrión de Last Week Tonight (John Oliver) expuso la injusticia generalizada de los tribunales de inmigración, en particular las formas en que les fallan a los niños inmigrantes.

Oliver mostró un video de un niño que esperaba una audiencia de inmigración, expresando temor de que ella y su familia serían asesinados si la enviaban a su país de origen.

"Eso es horrible", dijo Oliver en el programa, "porque ningún niño debería tener que preocuparse por si van a ser asesinados. Lo más importante por lo que deberían preocuparse es si pueden sentarse con los niños geniales mientras comen su Tide Pods, y si puede complacer a Slender Man".

Hay aproximadamente 60 tribunales de inmigración en el país, gobernados por el Departamento de Justicia. Estos tribunales rara vez reciben el mismo escrutinio o la atención sostenida de los medios de comunicación que las redadas de ICE u otros procesos legales relacionados con la inmigración. Lo que es más preocupante, "el sistema es un completo desastre", dijo Oliver, citando a jueces de tribunales de inmigración actuales y anteriores que reconocieron fallas impactantes en "lo que a veces pasa por el debido proceso".

Caso en cuestión: a los niños de 3 o 4 años de edad a veces se les exige defenderse en los tribunales de inmigración. "¡No puedes enseñar la ley de inmigración a un niño de 3 años!" Oliver exclamó indignado. "Ni siquiera puedes explicarle a un niño esa edad que Elmo no es su mejor amigo". Los inmigrantes que pueden no hablar bien el inglés también tienen que representarse a sí mismos en lugar de tener acceso a un abogado.

Mientras tanto, la tasa de deportaciones a menudo parece variar enormemente según la región, con una tasa de deportación de casi el 90 por ciento en Atlanta. En otras palabras, si un inmigrante es deportado o no puede depender arbitrariamente de la ciudad en la que se lleva a cabo el juicio. [xii]

Puedes ver el video siguiendo este enlace:

Link a: Immigration Courts: Last Week Tonight with John Oliver (HBO)

enbuscadeasilo.com

4

EUROPA Y ÁFRICA

Unión Europea

El Asilo en los Estados miembros de la Unión Europea; fue formado hace más de medio siglo por la aplicación del Convenio de Ginebra de 28 de julio de 1951 sobre el Estatuto de los Refugiados. Las políticas comunes aparecieron en la década de 1990 en relación con el Acuerdo de Schengen (que suprimió las fronteras internas), de modo que los solicitantes de asilo que no tuvieron éxito en un Estado miembro no volverían a presentar la solicitud en otro. La política común comenzó con el Convenio de Dublín en 1990. Continuó con la implementación de Eurodac y el Reglamento de Dublín en 2003, y la adopción en octubre de 2009 de dos propuestas por parte de la Comisión Europea.

Francia

Francia fue el primer país en reconocer el derecho constitucional al asilo, lo que está consagrado en el artículo 120 de la Constitución de 1793. El derecho moderno del asilo francés está reconocido en la Constitución de 1958, en relación con el párrafo 4 del preámbulo de la Constitución de 1946, a la que se refiere directamente el Preámbulo de la Constitución de 1958. La Constitución de 1946 incorporó partes de la Constitución de 1793 que garantizaban el derecho de asilo a "cualquier persona perseguida por su acción por la libertad" que no puede buscar protección en sus países de origen.

Además del derecho constitucional al asilo, el derecho moderno francés al asilo (droit d'asile) está consagrado sobre una base legal y reglamentaria en el Código de Entorno y Derecho de los Derechos Humanos y del Derecho de Asilo (CESEDA).

Francia también se adhiere a los acuerdos internacionales que prevén modalidades de solicitud para el derecho de asilo, como la Convención de las Naciones Unidas (ONU) de 1951 sobre el Estatuto de los Refugiados (ratificada en 1952), el protocolo adicional de 1967; los artículos K1 y K2 del Tratado de Maastricht de 1992, así como el Acuerdo de Schengen de 1985, que definió la política de inmigración de la UE. Finalmente, el derecho de asilo se define en el artículo 18 de la Carta de los Derechos Fundamentales de la Unión Europea.

Algunos de los criterios por los cuales se puede rechazar una solicitud de asilo incluyen: i) Pasaje a través de un tercer país "seguro", ii) País de origen seguro (un solicitante de asilo puede ser un asilo rechazado previamente si es un ciudadano de un país considerado "seguro" por la autoridad de asilo francesa OFPRA), iii) Amenaza de seguridad (amenaza grave para el orden público), o iv) Solicitud fraudulenta (abuso del procedimiento de asilo por otras razones).

La ley del 10 de diciembre de 2003 limitó el asilo político a través de dos restricciones principales:

La noción de "asilo interno": la solicitud puede ser rechazada si el extranjero puede beneficiarse del asilo político en una parte del territorio de su país de origen.

La OFPRA (Oficina Francesa para la Protección de los Refugiados y los Apátridas) ahora hace una lista de supuestos "países seguros" que respetan los derechos políticos y los principios de libertad. Si el demandante de asilo proviene de dicho país, la solicitud se procesa en 15 días y no recibe protección de asistencia social. Pueden impugnar la decisión, pero esto no suspende ninguna orden de deportación. La primera lista, promulgada en julio de 2005, incluyó como "países seguros" Benin, Cabo Verde, Ghana, Mali, Isla Mauricio, India, Senegal,

Mongolia, Georgia, Ucrania, Bosnia y Croacia. Tuvo el efecto de reducir en seis meses aproximadamente el 80% el número de solicitantes de estos países. La segunda lista, aprobada en julio de 2006, incluía Tanzania, Madagascar, Níger, Albania y Macedonia.

Aunque restringido, el derecho de asilo político se ha conservado en Francia en medio de varias leyes contra la inmigración. Algunas personas afirman que, aparte de la vía puramente judicial, el proceso burocrático se utiliza para frenar y, en última instancia, rechazar lo que podría considerarse como solicitudes válidas. Según Le Figaro, Francia otorgó a 7.000 personas el estatus de refugiado político en 2006, de un total de 35.000 solicitudes; en 2005, la OFPRA a cargo de examinar la legitimidad de tales solicitudes otorgó menos de 10,000 de un total de 50,000 solicitudes.

Numerosos exiliados de las dictaduras sudamericanas, particularmente del Chile de Augusto Pinochet y la Guerra Sucia en Argentina, fueron recibidos en los años 70 y 80. Desde la invasión de Afganistán en 2001, decenas de solicitantes de asilo afganos sin hogar han estado durmiendo en un parque en París, cerca de la estación de tren Gare de l'Est. Aunque sus demandas aún no han sido aceptadas, su presencia ha sido tolerada. Sin embargo, desde finales de 2005, las ONG han notado que la policía separa a los afganos de otros migrantes durante las redadas y expulsa a través de las cartas a los que acaban de llegar a Gare de l'Est en tren y no han tenido tiempo de exigir asilo (un decreto del 30 de mayo de 2005 les obliga a pagar a un traductor para que le ayude con los trámites oficiales).

Reino Unido

En el siglo XIX, el Reino Unido otorgó asilo político a varias personas perseguidas, entre las cuales había muchos miembros del movimiento socialista (incluido Karl Marx). Con el intento de bombardeo del Observatorio Real de Greenwich en 1845 y el Sitio de Sidney en 1911 en el contexto de la propaganda de las acciones de los hechos (anarquistas), se restringió el asilo político.[6]

Muertes en el Mediterráneo

El 3 de julio de 2018, Patrick Wintour, en su artículo publicado en The Guardian[xiii], informó que más de 200 migrantes se han ahogado en el mar en el Mediterráneo en los últimos tres días, elevando el número de muertos en el año a más de 1,000 y generando temores que los traficantes de personas están asumiendo mayores riesgos debido a la represión impuesta por el gobierno italiano y la guardia costera Libia.

La agencia de la ONU para los refugiados en Trípoli informó el lunes que 276 refugiados y migrantes fueron desembarcados en la capital Libia el lunes, incluidos 16 sobrevivientes de un barco que transportaba a 130 personas, de las cuales 114 aún estaban desaparecidas en el mar. Otros naufragios fueron encontrados en el fin de semana.

El martes, la guardia costera de Libia reportó siete muertes más y otros 123 migrantes rescatados.

El hito de las 1.000 muertes se alcanzó el 1 de julio. Es el cuarto año consecutivo en que más de 1,000 migrantes han muerto tratando de llegar a Europa a través del Mar Mediterráneo.

Othman Belbeisi, el jefe de misión en Libia en la Organización Internacional para las Migraciones (OIM), afirmó que el "aumento alarmante" de muertes en el mar estaba fuera de lo común.

"Los contrabandistas están explotando la desesperación de los migrantes para irse antes de que haya más represiones en los cruces del Mediterráneo en Europa", dijo.

En general, el número de migrantes que llegan a Italia por mar ha disminuido en las cifras del año pasado, pero la proporción de aquellos que intentan llegar a Italia que se están ahogando está aumentando, lo que genera reclamos de que la política más estricta del gobierno italiano es la culpable.

Las cifras preparadas por Matteo Villa, investigadores del ISPI italiano, muestran que en lo que va de 2018, solo la mitad de los que salen de Libia han llegado a Europa, en comparación con el 86% del año pasado.

Los datos muestran que el 44% ha sido recuperado por la guardia costera Libia, en comparación con el 12% del año pasado. Un total de 4.5% murió o desapareció, en comparación con el 2.3% del año pasado. Pero en junio, casi uno de cada 10 murió o desapareció al salir de la costa Libia, la proporción más alta de la historia.

La Guardia Costera de Libia ha devuelto a cerca de 10,000 personas a la costa este año, según la OIM. Es probable que esa tendencia continúe debido a tres cambios de política del nuevo gobierno italiano. Ha cerrado los puertos del país a los barcos de rescate de las ONG; acordó enviar 10 lanzamientos de lanchas a motor adicionales y dos barcos, botes, equipos y vehículos para ayudar a los guardacostas libios; y amplió el área de búsqueda y rescate de la que es responsable la guardia costera Libia, reduciendo así el área en la que las ONG y los buques de la UE tienen la responsabilidad.

La UE también ha reforzado su orientación a las ONG para que obedezcan las órdenes de los guardacostas libios. Por primera vez en meses, ningún barco de ONG está operando en el Mediterráneo. Las autoridades detuvieron a dos buques de las ONG que atracaron en Malta y les impidieron salir para realizar operaciones.

El viceprimer ministro italiano, Luigi Di Maio, miembro del Movimiento Five Star, dijo que las muertes no deben usarse como evidencia para disputar la dura y nueva política migratoria del gobierno. "Suministraremos lanchas a motor a Libia porque lo más saludable es que los libios deben llevar a cabo los rescates y llevar a los migrantes de regreso a la costa Libia", dijo.

Los cambios en la política italiana han aumentado el número de personas que se encuentran en los campos de detención libios, que han sido ampliamente criticados por grupos de derechos humanos y por agencias de la ONU.

Matteo Salvini, el ministro del interior italiano y la fuerza impulsora detrás de la política, ha negado las afirmaciones de que los campos de detención libios están en prisiones superpobladas, diciendo que ha visitado un centro de detención allí y encontró las condiciones aceptables.

Pero Belbeisi de la OIM dijo: "Los migrantes devueltos por los guardacostas no deben ser automáticamente transferidos a detención. Nos preocupa profundamente que los centros de detención vuelvan a estar abarrotados y que las condiciones de vida se deterioren con la reciente afluencia de migrantes".

La ONU dice que hasta 10.000 personas están recluidas en campos de detención.

En una sesión informativa el lunes, una portavoz de la comisión europea dijo que los barcos y las embarcaciones que enarbolaban la bandera europea y que realizaban rescates en el mar no podían llevar a los migrantes a Libia.

"Es contra nuestros valores, el derecho internacional y el derecho europeo", dijo Natasha Bertaud. "Somos conscientes de la situación inhumana de muchos migrantes en Libia. La ONU está trabajando para mejorar sus condiciones y existe un mecanismo de tránsito de emergencia para evacuar a estas personas de Libia".

El director general de la OIM, William Lacy Swing, regresará a Trípoli esta semana para conocer de primera mano las condiciones que enfrentan los migrantes rescatados y los que regresaron a la costa por los guardacostas.

Las cifras generales que llegan a Italia aún están por debajo del año pasado, pero el gobierno populista italiano enfrenta el problema de lidiar con un atraso de más de 500,000 personas cuyos casos de asilo no han sido procesados.

Hasta ahora, los líderes de Albania, Argelia, Egipto, Libia, Marruecos y Túnez han rechazado la principal propuesta de la UE para evitar que los migrantes lleguen a Europa (establecer centros de procesamiento de asilo fuera de Europa). Pero la UE aún no ha aplicado ninguna presión seria sobre estos estados, que dependen en gran medida de la ayuda de la UE.

5

OCEANIA Y ASIA

Myanmar Rohingya: Lo que necesitas saber sobre la crisis[xiv]

Arriesgando la muerte por mar o a pie, casi 700,000 han huido de la destrucción de sus hogares y la persecución en la provincia de Rakhine, en el norte de Myanmar (Birmania), para el vecino Bangladesh desde agosto de 2017.

Las Naciones Unidas describieron la ofensiva militar en Rakhine, que provocó el éxodo, como un "ejemplo de libro de texto de limpieza étnica".

El ejército de Myanmar dice que está combatiendo a los militantes rohingya y niega haber atacado a civiles.

¿Quiénes son los rohingya?

Los rohingya, que contaban con alrededor de un millón en Myanmar a principios de 2017, son una de las muchas minorías étnicas en el país. Los musulmanes rohingya representan el mayor porcentaje de musulmanes en Myanmar, y la mayoría vive en el estado de Rakhine.

Tienen su propio idioma y cultura y dicen que son descendientes de comerciantes árabes y otros grupos que han estado en la región durante generaciones.

Pero el gobierno de Myanmar, un país predominantemente budista, niega la ciudadanía rohingya e incluso los excluyó del censo de 2014, negándose a reconocerlos como un pueblo.

Los ve como inmigrantes ilegales de Bangladesh.

Desde la década de 1970, los rohingya han migrado a través de la región en cantidades significativas. Las estimaciones de sus números son a menudo mucho más altas que las cifras oficiales.

En los últimos años, antes de la última crisis, miles de rohingya hacían peligrosos viajes desde Myanmar para escapar de la violencia comunitaria o de los supuestos abusos de las fuerzas de seguridad.

Por qué están huyendo?

El último éxodo comenzó el 25 de agosto de 2017 después de que los militantes de Rohingya Arsa lanzaran ataques mortales contra más de 30 puestos de policía.

Los rohingyas que llegan a un área conocida como el Bazar de Cox, un distrito en Bangladesh, dicen que huyeron después de que las tropas, respaldadas por turbas budistas locales, respondieron quemando sus aldeas y atacando y matando a civiles.

Crisis de Rohingya: los refugiados hablan de los asesinatos 'casa por casa'

De acuerdo con Medecins Sans Frontieres (MSF), murieron al menos 6.700 rohingya, incluidos al menos 730 niños menores de cinco años, en el mes después de que estalló la violencia.

Amnistía Internacional dice que los militares de Myanmar también violaron y abusaron de mujeres y niñas rohingya.

El gobierno, que calcula el número de muertos en 400, afirma que las "operaciones de remoción" contra los militantes terminaron el 5 de septiembre, pero los corresponsales de la BBC han visto evidencia de que continuaron después de esa fecha.

Según el análisis de las imágenes satelitales de Human Rights Watch, al menos 288 aldeas fueron parcialmente o totalmente destruidas por un incendio en el estado de Rakhine, en el norte del país.

Las imágenes muestran muchas áreas donde las aldeas rohingya se redujeron a escombros humeantes, mientras que las aldeas rakhine étnicas cercanas quedaron intactas.

¿Cuál es la magnitud de la crisis?

La ONU dice que la situación de Rohingya es la "crisis de refugiados de más rápido crecimiento en el mundo".

Antes de agosto, ya había alrededor de 307.500 refugiados rohingya que vivían en campamentos, asentamientos improvisados y con comunidades de acogida, según el ACNUR. Se estima que otros 687,000 han llegado desde agosto de 2017.

La mayoría de los refugiados rohingya que llegan a Bangladesh (hombres, mujeres y niños sin apenas pertenencias) han buscado refugio en estas áreas, estableciendo un campamento donde sea posible en el difícil terreno y con poco acceso a ayuda, agua potable, alimentos, refugio o atención médica.

El campamento de refugiados más grande es Kutupalong, pero el espacio limitado significa que han surgido asentamientos espontáneos en los campos circundantes y en las cercanías de Balukhali mientras los refugiados siguen llegando.

Si bien los números en el campamento de refugiados de Kutupalong se han reducido de un máximo de 22,241 a 13,900, el número de residentes en asentamientos improvisados o espontáneos fuera del campamento ha aumentado de 99,495 a más de 604,000.

La mayoría de los otros sitios de refugiados también continuaron expandiéndose: desde mediados de abril de 2018, había 781,000 refugiados que vivían en nueve campamentos y asentamientos.

También hay alrededor de 117,000 personas que se quedan fuera de los campamentos en las comunidades de acogida.

6

VENEZUELA

Informe de derechos humanos en Venezuela 2017 [xv]

Este es el resumen ejecutivo de este informe:

Venezuela es formalmente una república constitucional multipartidista, pero durante más de una década, el poder político se ha concentrado en un solo partido con un creciente ejecutivo autoritario que ejerce un control significativo sobre los poderes legislativo, judicial, ciudadano y electoral del gobierno. La Corte Suprema determinó que Nicolás Maduro ganó las elecciones presidenciales de 2013 en medio de acusaciones de fraude anterior y posterior a la elección, incluida la interferencia del gobierno, el uso de recursos estatales por parte del partido gobernante y la manipulación de los votantes. La oposición ganó la mayoría absoluta de dos tercios del control de la Asamblea Nacional en las elecciones legislativas de 2015. Sin embargo, el poder ejecutivo utilizó su control sobre el Tribunal Supremo (TSJ) para debilitar el papel constitucional de la Asamblea Nacional para legislar, ignorar la separación de poderes y permitir que el presidente gobierne a través de una serie de decretos de emergencia.

Las autoridades civiles mantuvieron el control efectivo, aunque politizado, sobre las fuerzas de seguridad.

La gobernabilidad democrática y los derechos humanos se deterioraron dramáticamente durante el año como resultado de una campaña de la administración de Maduro para consolidar su poder.

El 30 de marzo, el TSJ anuló las funciones constitucionales de la Asamblea Nacional, amenazó con abolir la inmunidad parlamentaria y asumió un control significativo sobre las políticas sociales, económicas, legales, civiles y militares. Las acciones del TSJ desencadenaron protestas callejeras a gran escala durante la primavera y el verano en las que murieron aproximadamente 125 personas. Las fuerzas de seguridad y los grupos paramilitares armados pro-gobierno conocidos como "colectivos" a veces usaban fuerza excesiva contra los manifestantes. Organizaciones no gubernamentales (ONG) creíbles informaron de redadas indiscriminadas en hogares, arrestos arbitrarios y el uso de la tortura para disuadir a los manifestantes. El gobierno arrestó a miles de personas, juzgó a cientos de civiles en tribunales militares y sentenció a aproximadamente 12 alcaldes de la oposición a 15 meses de prisión por supuesta falta de control de las protestas en sus jurisdicciones.

El 1 de mayo, el presidente Maduro anunció planes para reescribir la constitución de 1999, y el 30 de julio, el gobierno celebró elecciones fraudulentas, boicoteadas por la oposición, para seleccionar representantes para una Asamblea Nacional Constituyente (ANC). El 4 de agosto, el ANC adoptó un "decreto de convivencia" que neutralizó efectivamente a otras ramas del gobierno. A lo largo del año, el gobierno eliminó arbitrariamente los derechos civiles de los líderes de la oposición para no permitirles postularse para cargos públicos. El 15 de octubre, el gobierno celebró elecciones para gobernador vencidas desde diciembre de 2016.

El gobernante Partido Socialista Unido (PSUV) sostuvo que ganó 17 de los 23 escaños de los gobernadores, aunque la elección estuvo plagada de deficiencias, incluida la falta de observadores internacionales independientes y creíbles, cambios de última hora en los centros de votación con aviso público limitado, manipulación de diseños de boletas, lugares de votación limitados en barrios de la oposición y falta de auditoría técnica para la tabulación del Consejo Nacional Electoral (CNE). El régimen luego convocó a elecciones de alcalde el 10 de diciembre, con numerosas irregularidades que favorecen a los candidatos del gobierno.

Las cuestiones de derechos humanos más importantes incluyeron ejecuciones extrajudiciales por parte de las fuerzas de seguridad, incluidos los "colectivos" patrocinados por el gobierno; tortura por las fuerzas de seguridad; condiciones penitenciarias duras y peligrosas para la vida; detenciones arbitrarias generalizadas; y presos políticos. El gobierno interfirió ilegalmente con los derechos de privacidad, usó los tribunales militares para juzgar a civiles e ignoró las órdenes judiciales para liberar a los prisioneros. El gobierno bloqueaba habitualmente las señales, interfería con las operaciones o cerraba la televisión, la radio y otros medios de comunicación privados. La ley penalizó las críticas al gobierno y el gobierno amenazó con la violencia y detuvo a los periodistas que criticaban al gobierno, utilizó la violencia para reprimir manifestaciones pacíficas y puso restricciones legales a la capacidad de las ONG para recibir fondos extranjeros. Otros temas incluyeron la interferencia con la libertad de movimiento; el establecimiento de instituciones ilegítimas para reemplazar a los representantes elegidos democráticamente; Corrupción e impunidad generalizadas entre todas las fuerzas de seguridad y en otras oficinas gubernamentales nacionales y estatales, incluso en los niveles más altos; violencia contra las mujeres, incluida la violencia letal; trata de personas; y las peores formas de trabajo infantil, que el gobierno hizo un mínimo esfuerzo para eliminar.

El gobierno no tomó medidas efectivas para combatir la impunidad que dominaba todos los niveles de la burocracia civil y las fuerzas de seguridad.

Informe de Amnistía Internacional 2017/18: Venezuela [xvi]

Venezuela permaneció en estado de emergencia, prorrogada repetidamente desde enero de 2016. Se eligió una Asamblea Nacional Constituyente sin la participación de la oposición. El Fiscal General fue destituido en circunstancias irregulares. Las fuerzas de seguridad continuaron usando una fuerza excesiva e indebida para dispersar las protestas. Cientos de personas fueron detenidas arbitrariamente. Hubo muchos informes de tortura y otros malos tratos, incluida la violencia sexual contra los manifestantes. El sistema judicial continuó usándose para silenciar a los disidentes, incluyendo el uso de la jurisdicción militar para procesar a civiles. Los defensores de los derechos humanos fueron hostigados, intimidados y sujetos a redadas. Las condiciones de detención fueron extremadamente duras. Las crisis alimentarias y de salud siguieron empeorando, afectando especialmente a niños, personas con enfermedades crónicas y mujeres embarazadas. El número de venezolanos que buscan asilo en otros países aumentó.

Antecedentes

El año estuvo marcado por crecientes protestas públicas debido a la creciente inflación y la escasez de alimentos y suministros médicos. El estado de emergencia declarado en enero de 2016 permaneció en vigor, otorgando al gobierno poderes especiales para atender la situación económica. A pesar de los procesos de diálogo político iniciados entre el gobierno y la oposición durante el año, no hubo avances concretos en el avance de las cuestiones de derechos humanos.

Libertad de expresión

La Relatoría Especial para la Libertad de Expresión de la Comisión Interamericana de Derechos Humanos (CIDH) expresó preocupación por el cierre de 50 estaciones de radio por parte de la Comisión Nacional de Telecomunicaciones. Otros medios de comunicación también se enfrentaron a la amenaza de cierre, a pesar de un fallo de 2015 de la Corte Interamericana de Derechos Humanos que declaró que dichos cierres violaban la libertad de expresión. Los manifestantes contra el gobierno y algunos líderes de la oposición fueron acusados por el gobierno de ser una amenaza para la seguridad nacional. El gobierno ordenó la eliminación de algunos canales de noticias extranjeros, incluidos CNN, RCN y CARACOL de los operadores nacionales de televisión por cable. En septiembre, periodistas no identificados del portal en línea de noticias e investigaciones Armando.Info fueron amenazados por sus investigaciones en casos de corrupción administrativa.

Libertad de Reunión

Entre abril y julio, en particular, hubo protestas masivas a favor y en contra del gobierno en varias partes del país. El derecho de reunión pacífica no estaba garantizado.

Según datos oficiales, al menos 120 personas murieron y más de 1.177 resultaron heridas, entre ellas manifestantes, miembros de las fuerzas de seguridad y transeúntes, durante estas manifestaciones masivas. También hubo informes de la Oficina del Fiscal General de que grupos de personas armadas, con el apoyo o la aquiescencia del gobierno, llevaron a cabo acciones violentas contra los manifestantes. Según la ONG local Foro Penal Venezolano, 5,341 personas fueron arrestadas en el contexto de las protestas, de las cuales 822 fueron juzgadas. De estos, 726 civiles fueron sometidos a justicia militar y acusados de delitos militares por manifestarse contra el gobierno. Al final del año, 216 personas permanecían en prisión preventiva.

Uso excesivo de la fuerza

En enero, el gobierno relanzó su programa de seguridad pública, anteriormente denominado Operación Liberación del Pueblo, bajo el nuevo nombre Operación Liberación Humanista del Pueblo. Informes continuados de uso excesivo de la fuerza por agentes de seguridad. Informe 394 de Amnistía Internacional 2017/18 En el contexto de las manifestaciones que tuvieron lugar entre abril y julio, el gobierno anunció la activación del "Plan

Zamora", con el objetivo de "garantizar el funcionamiento [del] país [y] su seguridad" movilizando a civiles junto a las fuerzas policiales y militares para "preservar el orden interno". Sin embargo, los detalles del plan no se hicieron públicos. La Policía Nacional Bolivariana y la Guardia Nacional Bolivariana, entre otras fuerzas de seguridad civil y militar, continuaron utilizando una fuerza excesiva e indebida contra los manifestantes. Entre abril y julio, hubo un aumento en el despliegue de fuerzas militares para reprimir las protestas, lo que resultó en un aumento en el uso excesivo de la fuerza menos letal y el uso indebido de la fuerza letal, incluido el lanzamiento de gases lacrimógenos directamente contra los cuerpos de las personas, disparando múltiples municiones, como balas de goma, golpizas y uso de armas de fuego, todo lo cual pone a los manifestantes en riesgo de sufrir daños graves o la muerte. Según la Oficina del Fiscal General, Jairo Johan Ortiz Bustamante fue asesinado por disparos de bala durante una protesta en el estado de Miranda el 6 de abril y Juan Pablo Pernalete fue asesinado por el impacto de una bomba de gas lacrimógeno en su pecho durante una protesta en la capital, Caracas, el 26 de abril. David Vallenilla, Neomar Lander y Rubén Darío González también murieron a causa de las lesiones sufridas durante las protestas entre abril y julio. Durante este período, la organización de la sociedad civil Micondominio.com registró al menos 47 redadas ilegales en múltiples comunidades y hogares en 11 estados del país. Estas redadas se caracterizaron por el uso ilegal de la fuerza, las amenazas y los arrestos masivos arbitrarios, y con frecuencia se vincularon a operaciones policiales y militares contra las protestas que tuvieron lugar cerca de las comunidades. Las acciones de las fuerzas de seguridad durante estas redadas fueron ilegales y arbitrarias y tuvieron efectos indiscriminados. Grupos de personas armadas también hostigaron e intimidaron a los residentes durante las redadas con el consentimiento de las fuerzas de seguridad del estado presentes. En agosto, el Alto Comisionado de las Naciones Unidas para los Derechos Humanos publicó un informe que destaca el uso sistemático y generalizado del uso excesivo de la fuerza durante las protestas entre abril y julio, que señala un patrón de redadas violentas en el hogar y torturas y otros malos tratos a los detenidos. El informe también expresó preocupación por las dificultades que enfrentan las organizaciones internacionales para acceder al país y los temores de las víctimas de denunciar los abusos.

Arrestos y detenciones arbitrarias.

Amnistía Internacional documentó 22 casos emblemáticos de personas detenidas arbitrariamente por razones políticas a través de la implementación de diversos mecanismos ilegales desde 2014. Estos mecanismos incluyeron el uso de la justicia militar, los arrestos sin orden judicial y el uso de definiciones delictivas ambiguas y discrecionales, entre otros, que demostró un patrón mucho más amplio de esfuerzos para silenciar la disidencia. Al final del año, 12 de estas personas recibieron medidas alternativas a la detención; los otros 10 permanecieron detenidos arbitrariamente, aunque los tribunales habían ordenado la liberación de muchos de ellos. Estos casos documentados incluyen los del diputado Gilber Caro y el activista Steyci Escalona, ambos miembros del partido de oposición Voluntad Popular, que fueron detenidos arbitrariamente en enero después de que las principales autoridades gubernamentales los acusaran públicamente de llevar a cabo "actividades terroristas". A pesar del juicio de Gilber Caro que requería la autorización del Parlamento, permaneció detenido arbitrariamente y su caso fue presentado ante tribunales militares. Steyci Escalona recibió la libertad condicional en noviembre. A finales de año, ninguno había sido llevado a juicio. Cientos de personas informaron que fueron detenidos arbitrariamente durante las protestas que tuvieron lugar entre abril y julio. A muchos se les negó el acceso a la atención médica o a un abogado de su elección y, en muchos casos, fueron sometidos a tribunales militares. Hubo un notable aumento en el uso de la justicia militar para juzgar a civiles. En diciembre, 44 personas detenidas arbitrariamente por lo que se consideraba que las ONG locales eran razones de motivación política fueron liberadas con restricciones alternativas a su libertad.

Tortura y maltratos

Se recibieron muchos nuevos informes de tortura y otros malos tratos. Wilmer Azuaje, miembro del Consejo Legislativo del estado de Barinas, fue arrestado en mayo. Su familia informó que durante su detención estuvo encerrado en una habitación de olor nocivo, esposado por largos períodos de tiempo y, a veces, mantenido incomunicado, condiciones que constituyen un trato cruel. En julio, la Corte Suprema de Justicia ordenó su traslado a arresto domiciliario; sin embargo, a fines de año, Wilmer Azuaje permaneció en el Centro de Detención el 26 de julio sin cargos en su contra ni ninguna mejora en sus condiciones de detención. Durante las manifestaciones entre abril y julio, hubo informes de malos tratos por parte de funcionarios estatales durante los arrestos de manifestantes, incluyendo patadas, palizas y violencia sexual.

Defensores de los derechos humanos

Los defensores de los derechos humanos y las personas que buscaron justicia por violaciones de los derechos humanos continuaron siendo objeto de ataques y campañas de desprestigio, en un aparente intento de detener su labor de derechos humanos. En febrero, la abogada Samantha Seijas fue amenazada por un oficial de policía mientras presentaba una queja en una estación de policía en el estado de Aragua acompañada por su hija. En mayo, las autoridades allanaron la casa del defensor de derechos humanos Ehisler Vásquez en la ciudad de Barquisimeto, estado de Lara. Cuando solicitó información sobre el motivo de la redada, la Fiscalía amenazó con acusarlo de un delito. Más tarde, ese mismo mes, en la misma ciudad, un grupo de personas no identificadas irrumpió en la casa de los defensores de los derechos humanos Yonaide Sánchez y Nelson Freitez. Los defensores de los derechos humanos fueron intimidados por los medios estatales y los funcionarios gubernamentales de alto rango, que anunciaron públicamente sus nombres y detalles de contacto mientras los acusaban de "terrorismo". Los abogados que representan a personas en juicio ante tribunales militares informaron haber sido hostigados e intimidados por las autoridades gubernamentales, lo que ejerce una gran presión sobre quienes defienden a personas que critican al gobierno.

Sistema de Justicia

El sistema de justicia continuó estando sujeto a la interferencia del gobierno, especialmente en casos que involucran a personas críticas con el gobierno o que se consideraba que estaban actuando en contra de los intereses de las autoridades. El Servicio Nacional de Inteligencia Bolivariano continuó ignorando las decisiones judiciales para transferir y liberar a las personas bajo su custodia. Dos agentes de policía del municipio de Chacao permanecieron detenidos arbitrariamente desde junio de 2016, a pesar de que se emitió una orden para su liberación en agosto de 2016. Otros 12 agentes acusados en el mismo caso penal que también habían sido detenidos arbitrariamente desde junio de 2016 fueron liberados en diciembre. En junio de 2017, los 14 oficiales iniciaron una huelga de hambre, algunos durante 23 días, para exigir que las autoridades los liberaran en cumplimiento de la orden judicial. En agosto, cuatro funcionarios de la oposición que habían sido elegidos para cargos públicos fueron arrestados y otros cinco recibieron órdenes de arresto en su contra. Estas órdenes fueron emitidas por el Tribunal Supremo en un procedimiento que no estaba consagrado por la ley. Un total de 11 funcionarios elegidos por voto popular fueron destituidos de su cargo en procedimientos irregulares.

Prisioneros de Conciencia

Leopoldo López, líder del partido de oposición Voluntad Popular y preso de conciencia, fue trasladado a arresto domiciliario en agosto. Durante su detención en el Centro Nacional de Procedimientos Militares en Ramo Verde, Caracas, hubo varios informes de abusos contra él, incluida la tortura y la negación de las visitas de sus abogados y familiares. Villca Fernández, estudiante y activista política del estado de Mérida y presa de conciencia, permaneció detenida arbitrariamente por el Servicio Bolivariano de Inteligencia Nacional en

Caracas. En su caso se le negó repetidamente atención médica de urgencia y había denunciado otros malos tratos desde su detención en enero de 2016.

Escrutinio Internacional

En mayo, Venezuela anunció que se retiraba de la Organización de los Estados Americanos y, por lo tanto, de la autoridad de la CIDH, lo que limita aún más la protección de las víctimas de violaciones de derechos humanos en Venezuela. Las decisiones y fallos de los mecanismos internacionales de vigilancia de los derechos humanos aún no se implementaron a fines de año, especialmente en relación con la investigación y el castigo de los responsables de violaciones de derechos humanos. En noviembre, Venezuela recibió la visita del Experto Independiente de la ONU sobre la promoción de un orden internacional democrático y equitativo. Las visitas del Relator Especial de las Naciones Unidas sobre el derecho al desarrollo y del Relator Especial de las Naciones Unidas sobre el impacto negativo de las medidas coercitivas unilaterales en el disfrute de los derechos humanos se anunciaron para 2018.

Desapariciones Forzadas

El ex ministro de Defensa y detenido crítico del gobierno Raúl Isaías Baduel fue sacado inesperadamente de su celda en el Centro Nacional de Procedimientos Militares en Ramo Verde, Caracas, en la mañana del 8 de agosto; Permaneció desaparecido durante 23 días. Las autoridades reconocieron que estaba recluido en las instalaciones del Servicio Nacional de Inteligencia Bolivariano en Caracas, donde estuvo recluido en régimen de incomunicación y se le negó el acceso a su familia y abogados durante más de un mes.

Impunidad

La mayoría de las víctimas de violaciones de derechos humanos continuaron sin acceso a la verdad, la justicia y la reparación. Las víctimas y sus familias a menudo fueron objeto de intimidación. En abril, dos oficiales de la Guardia Nacional Bolivariana fueron condenados por asesinar a Geraldine Moreno durante las manifestaciones en el estado de Carabobo en 2014. La mayoría de las víctimas de asesinatos, torturas y otras violaciones cometidas por actores estatales aún no habían recibido justicia ni reparación. La Oficina del Fiscal General anunció investigaciones sobre asesinatos en el contexto de protestas entre abril y julio de 2017. La Asamblea

Nacional Constituyente, establecida el 30 de julio, nombró una Comisión de la Verdad para investigar casos de violaciones de derechos humanos durante las protestas; Hubo preocupación por su independencia e imparcialidad. Hubo informes de víctimas o sus familias presionadas por las autoridades para que declararan y acordaran hechos que podrían renunciar a la responsabilidad de los agentes estatales por estas violaciones, así como obstáculos al trabajo de los abogados defensores que trabajan con organizaciones de derechos humanos.

Detención

A pesar de las reformas al sistema penitenciario en 2011, las condiciones carcelarias siguieron siendo extremadamente duras. La falta de atención médica, alimentos y agua potable, condiciones insalubres, hacinamiento y violencia en las cárceles y otros centros de detención continuó. Durante los enfrentamientos dentro de los centros penitenciarios, el uso de armas de fuego siguió siendo un lugar común entre los reclusos. Muchos detenidos recurrieron a las huelgas de hambre para protestar contra las condiciones de su detención. La CIDH expresó preocupación por la muerte de 37 detenidos en el Centro de Detención Judicial de Amazonas en agosto durante los enfrentamientos que tuvieron lugar cuando la Guardia Nacional Bolivariana y la Policía Nacional Bolivariana intentaron registrar los locales.

Derecho a la Comida

El Centro de Documentación y Análisis para Trabajadores informó que en diciembre la canasta de bienes de consumo para una familia de cinco, que se utiliza para definir el índice de precios al consumidor, era 60 veces mayor que el salario mínimo, lo que representa un aumento del 2123% desde noviembre de 2016. La organización Caritas Venezuela descubrió que el 27.6% de los niños estudiados estaban en riesgo de malnutrición y el 15.7% de ellos sufrían desnutrición grave. El gobierno no reconoció el empeoramiento de la escasez de alimentos causada por la crisis económica y social. En su Informe global sobre crisis alimentarias de 2017, la Organización de las Naciones Unidas para la Agricultura y la Alimentación declaró que carecía de datos oficiales fiables sobre Venezuela y que la profundización de la crítica situación económica podría conducir a una mayor ausencia de bienes de consumo, como alimentos y suministros médicos.

Derecho a la Salud

Después de casi dos años sin publicar datos oficiales, en mayo, el Ministerio de Salud publicó los boletines semanales epidemiológicos de 2016. Los datos revelaron que durante 2016, hubo 11,466 muertes de niños menores de un año, un aumento del 30,1% en comparación con 2015, cuando esta cifra se situó en 8.812. Las causas más comunes de mortalidad infantil fueron la sepsis neonatal, la neumonía y el parto prematuro. Además, los boletines mostraron que en 2016 se reportaron 324 casos de difteria.

Derecho de las Mujeres

Los boletines del Ministerio de Salud indicaron un aumento en los casos de mortalidad materna de 65.8% entre 2015 y 2016, con un total de 756 muertes registradas en 2016, 300 más que en 2015. La falta de datos oficiales hizo casi imposible monitorear la tasa de los femicidios y otros delitos contra la mujer. Sin embargo, el Instituto Metropolitano de Mujeres de la ONG estimó que hubo al menos 48 feminicidios entre enero y mayo. Diez años después de la implementación de la Ley Orgánica sobre el Derecho de las Mujeres a Vivir sin Violencia, las ONG locales informaron que los fiscales, jueces, policías y otros funcionarios seguían estando mal equipados para proteger los derechos de las mujeres, y las mujeres a menudo sufrían la re-victimización debido a Violencia institucional. Otros obstáculos para la implementación de la ley incluyen la falta de datos oficiales para planificar y programar políticas públicas para prevenir y erradicar la violencia contra las mujeres.

Derechos Sexuales y Reproductivos

La crisis económica continuó limitando el acceso a la anticoncepción. En junio, en una encuesta en línea realizada por la ONG local AVESA, el 72% de los encuestados no había podido acceder a ningún anticonceptivo durante los 12 meses anteriores, y el 27% dijo que no podían comprar anticonceptivos en las farmacias.

Refugiados y Solicitantes de Asilo

Hubo un notable aumento en el número de venezolanos que buscan asilo en Brasil, Costa Rica, Estados Unidos, España, Perú y Trinidad y Tobago. Otros países de la región, incluidos Colombia y Ecuador, también continuaron recibiendo un gran número de venezolanos que buscaban refugio.

Human Rights Watch País Sumario: Venezuela[xvii]

Hoy en Venezuela, no hay instituciones gubernamentales independientes que sigan actuando como un control del poder ejecutivo. El gobierno venezolano, bajo Maduro y anteriormente bajo Chávez, ha apilado los tribunales con jueces que no pretenden la independencia. El gobierno ha estado reprimiendo la disidencia a través de la represión a menudo violenta de protestas en las calles, encarcelando a los opositores y procesando a civiles en tribunales militares. También ha despojado al poder de la legislatura liderada por la oposición. Debido a la grave escasez de medicamentos, suministros médicos y alimentos, muchos venezolanos no pueden alimentar adecuadamente a sus familias o acceder a la atención médica más básica. En respuesta a la crisis humanitaria y de derechos humanos, cientos de miles de venezolanos huyen del país.

Otras preocupaciones persistentes incluyen condiciones penitenciarias deficientes, impunidad por violaciones de los derechos humanos y hostigamiento por parte de funcionarios gubernamentales de defensores de los derechos humanos y medios de comunicación independientes. Persecución de opositores políticos el gobierno venezolano ha encarcelado a opositores políticos y los ha descalificado para postularse para un cargo. Al momento de escribir este informe, más de 340 presos políticos languidecían en las cárceles venezolanas o en la sede de los servicios de inteligencia, según el Foro Penal, una red venezolana de abogados defensores de la ley criminal. A mediados de 2017, la Corte Suprema sentenció a cinco alcaldes de oposición, luego de un proceso sumario que violaba las normas internacionales del debido proceso, a 15 meses de prisión y los descalificó para postularse para un cargo. Al momento de escribir este artículo, uno se encontraba en la sede de los servicios de inteligencia en Caracas; el resto había huido del país. Al menos nueve 2 alcaldes más estaban sujetos a una orden judicial del Tribunal Supremo que podría dar lugar a penas de prisión similares a las de los demás si se les acusa de violarlas. El líder de la oposición, Leopoldo López, cumple una sentencia de 13 años por presuntamente incitar a la violencia durante una manifestación en Caracas en febrero de 2014, a pesar de la falta de evidencia creíble contra él. Después de tres años y medio en prisión, López fue trasladado a arresto domiciliario en julio de 2017, pero fue detenido nuevamente en medio de la noche, semanas después de que criticó públicamente al gobierno.

Esa misma noche, los agentes de inteligencia detuvieron a Antonio Ledezma, un ex alcalde de la oposición que ha estado bajo arresto domiciliario desde 2015 y había publicado un video crítico mientras estaba bajo arresto domiciliario. Posteriormente, la Corte Suprema emitió una declaración diciendo que a López se le prohibió realizar "proselitismo político" y que Ledezma no podía "emitir declaraciones a ningún medio", y agregó que "fuentes de inteligencia" dijeron que tenían un plan para huir. Ambos hombres fueron devueltos a arresto domiciliario días después. En noviembre, Ledezma huyó de Venezuela. Varios otros arrestados en relación con las protestas contra el gobierno de 2014 o el activismo político subsiguiente permanecen bajo arresto domiciliario o en detención en espera de juicio. La represión de la actividad de protesta por parte de las fuerzas de seguridad venezolanas, junto con grupos armados pro-gubernamentales llamados "colectivos", han atacado violentamente las protestas contra el gobierno, a algunas de ellas asistieron decenas de miles de venezolanos, entre abril y julio de 2017. El personal de las fuerzas de seguridad ha disparado a los manifestantes con municiones de control de disturbios, atropellan a los manifestantes con vehículos blindados, golpean brutalmente a personas que no ofrecieron resistencia y organizaron incursiones violentas en edificios de apartamentos. La Oficina del Fiscal General informó que, al 31 de julio, 124 personas habían sido asesinadas durante incidentes relacionados con las protestas. El Alto Comisionado de las Naciones Unidas para los Derechos Humanos informó en agosto que más de la mitad de las muertes habían sido causadas por agentes de seguridad o colectivos. El gobierno venezolano afirma que 10 oficiales de las fuerzas de seguridad murieron en el contexto de las 3 manifestaciones e informaron varios casos de violencia contra partidarios del gobierno.

A fines de julio, antes de que la Asamblea Constituyente despidiera a la Fiscal General Luisa Ortega Díaz, su oficina estaba investigando casi 2,000 casos de personas heridas durante la represión. Si bien el número parece haber incluido casos en los que los manifestantes y las fuerzas de seguridad fueron los presuntos autores, en más de la mitad de los casos, la oficina tenía pruebas que sugerían violaciones de derechos fundamentales. Según el Foro Penal, cerca de 5,400 personas fueron arrestadas en relación con manifestaciones entre abril y noviembre, incluidos manifestantes, transeúntes y personas que fueron sacadas de sus hogares sin orden judicial. Alrededor de 3,900 habían sido puestos en libertad condicional en el momento de la redacción de este informe, pero seguían sujetos a un proceso penal. Las fuerzas de seguridad han cometido graves abusos contra los detenidos que, en algunos casos, equivalen a torturas, como palizas severas, el uso de descargas eléctricas, asfixia y abuso sexual. Los tribunales militares han procesado a más de 750 civiles en violación del derecho internacional. A principios de 2014, el gobierno también había respondido a las protestas masivas contra el gobierno con excesiva fuerza. Las fuerzas de seguridad a menudo mantuvieron a los manifestantes en régimen de incomunicación en las bases militares durante 48 horas o más, y en algunos casos cometieron graves violaciones de derechos humanos, como palizas severas, descargas eléctricas o quemaduras, y obligaron a los detenidos a agacharse o arrodillarse sin moverse durante horas. Ningún oficial superior ha sido procesado por estos abusos.

Asamblea Constituyente

En mayo, Maduro convocó una Asamblea Constituyente a través de un decreto presidencial, a pesar del requisito constitucional de celebrar un referéndum público de antemano para volver a redactar la Constitución. La asamblea está compuesta exclusivamente por partidarios del gobierno elegidos a través de una elección en julio que Smartmatic, una compañía británica contratada por el gobierno para verificar los resultados, y luego alegó que fue fraudulenta. La Asamblea Constituyente tiene amplios poderes que van mucho más allá de la redacción de una constitución. En agosto, tan pronto como la asamblea comenzó a operar, sus miembros asumieron todos los poderes legislativos y despidieron al Fiscal General Ortega Díaz, un ex leal al gobierno que se había convertido en un crítico abierto a fines de marzo, y nombró un partidario del gobierno para la posición. En noviembre, junto con la Corte Suprema, despojó a Freddy Guevara, vicepresidente de la Asamblea Nacional, de su inmunidad parlamentaria.

Operación Libertad del Pueblo

A partir de julio de 2015, el presidente Maduro desplegó a más de 80,000 miembros de las fuerzas de seguridad en todo el país en una iniciativa llamada "Operación de Liberación de los Pueblos" (OLP) para abordar los crecientes problemas de seguridad. Las redadas policiales y militares en comunidades de bajos ingresos e inmigrantes dieron lugar a acusaciones generalizadas de abuso, incluyendo ejecuciones extrajudiciales, detenciones arbitrarias en masa, maltrato de detenidos, desalojos forzosos, destrucción de viviendas y deportaciones arbitrarias. En noviembre de 2017, el fiscal general dijo que más de 500 personas fueron asesinadas durante las redadas de la OLP entre 2015 y 2017. Los funcionarios del gobierno generalmente dijeron que los muertos murieron durante "enfrentamientos" con delincuentes armados, reclamos denegados en muchos casos por familiares de víctimas o testigos. . En varios casos, las víctimas fueron vistas con vida por última vez bajo custodia policial.

Crisis Humanitaria

Los venezolanos se enfrentan a una grave escasez de medicamentos, suministros médicos y alimentos, lo que socava gravemente sus derechos a la salud y los alimentos. En 2017, el ministro de salud venezolano publicó datos oficiales para 2016 que indican que, en un año, la mortalidad materna aumentó 65 por ciento, la mortalidad infantil aumentó 30 por ciento y los casos de malaria aumentaron 76 por ciento. Días después, el ministro fue despedido. Los casos de malnutrición grave de niños menores de 5 años aumentaron del 10,2 por ciento en febrero de 2017 al 14,5 por ciento en septiembre de 2017, superando el umbral de crisis de la Organización Mundial de la Salud, según Cáritas Venezuela.

Independencia Judicial

Desde que el ex presidente Chávez y sus partidarios en la Asamblea Nacional realizaron una toma política de la Corte Suprema en 2004, el poder judicial ha dejado de funcionar como una rama independiente del gobierno. Los miembros de la Corte Suprema han rechazado abiertamente el principio de la separación de poderes y han comprometido públicamente su compromiso de promover la agenda política de la actual administración. Desde que la oposición asumió la mayoría en la Asamblea Nacional en enero de 2016, el Tribunal Supremo ha abolido casi todas las leyes que esta ha aprobado. En marzo de 2017, asumió todos los poderes legislativos y retrocedió parcialmente solo después de fuertes críticas en Venezuela y en el extranjero.

Libertad de Expresión

Durante más de una década, el gobierno ha expandido y abusado de su poder para regular los medios y ha trabajado enérgicamente para reducir la cantidad de medios de comunicación disidentes. Las leyes vigentes otorgan al gobierno el poder de suspender o revocar concesiones a medios privados si son "convenientes para los intereses de la nación", permiten la suspensión arbitraria de sitios web por el delito vagamente definido de "incitación" y criminalizan la expresión de "falta de respeto" por alto oficiales del gobierno. Si bien algunos periódicos, sitios web y estaciones de radio critican al gobierno, el temor a las represalias ha hecho de la autocensura un problema grave. Las fuerzas de seguridad detuvieron, interrogaron y confiscaron el equipo de varios periodistas en 2017. A algunos periodistas internacionales se les prohibió ingresar al país o se los detuvo luego de cubrir protestas anti-gubernamentales o la crisis de salud. Varios canales de noticias por cable y radios fueron retirados del aire. En noviembre, la Asamblea Constituyente adoptó una "Ley contra el odio" que incluye un lenguaje vago que socava la libertad de expresión. Prohíbe los partidos políticos que "promueven el fascismo, el odio y la intolerancia", e impone penas de prisión de hasta 20 años a quienes publican "mensajes de intolerancia y odio" en los medios de comunicación o en las redes sociales.

Defensores de Derechos Humanos

Las medidas gubernamentales para restringir la financiación internacional de organizaciones no gubernamentales, combinadas con acusaciones no demostradas por parte de funcionarios gubernamentales y simpatizantes de que los defensores de los derechos humanos buscan socavar la democracia venezolana, crean un ambiente hostil que limita la capacidad de los grupos de la sociedad civil para promover los derechos humanos. En 2010, la Corte Suprema dictaminó que las personas u organizaciones que reciben fondos extranjeros pueden ser procesadas por traición. Ese año, la Asamblea Nacional promulgó una legislación que bloquea a las organizaciones que "defienden los derechos políticos" o "monitorean el desempeño de los organismos públicos" para que no reciban asistencia internacional.

Discriminación Política

Según los informes de los medios de comunicación venezolanos, cientos de trabajadores gubernamentales fueron despedidos en 2016 por haber apoyado la destitución del Presidente Maduro, y muchos otros fueron amenazados con la misma en 2017 por apoyar un plebiscito no oficial organizado por la oposición en contra de la propuesta de la Asamblea Constituyente. Otros informes dicen que un programa gubernamental que distribuye alimentos y productos básicos a precios limitados por el gobierno discrimina a los críticos del gobierno.

Condiciones de la prisión

La corrupción, la seguridad débil, el deterioro de la infraestructura, el hacinamiento, el personal insuficiente y los guardias mal capacitados permiten que las pandillas armadas ejerzan un control efectivo sobre las poblaciones de reclusos dentro de las cárceles. En agosto, 37 presos, casi la mitad de la población detenida, murieron en el Centro de Detención Judicial de Amazonas en Puerto Ayacucho y 14 guardias de seguridad resultaron heridos cuando las fuerzas de seguridad intentaron tomar el control de la prisión.

Actores internacionales clave

En marzo y julio, el secretario general de la OEA, Luis Almagro, presentó dos informes completos sobre la crisis humanitaria y de derechos humanos en Venezuela, como parte de las discusiones en curso sobre el cumplimiento de la Carta Democrática Interamericana de Venezuela, un acuerdo que protege los derechos humanos y la democracia.

Entre septiembre y noviembre, la OEA realizó una serie de audiencias públicas en las que las víctimas brindaron información a tres expertos que evaluaron si los abusos cometidos por las fuerzas de seguridad venezolanas podrían constituir crímenes de lesa humanidad. En agosto, el bloque comercial regional Mercosur suspendió indefinidamente a Venezuela, aplicando el Protocolo de Ushuaia, un acuerdo que permite al bloque suspender a un miembro cuando hay una "ruptura de [su] orden constitucional". También en agosto, 17 ministros de relaciones exteriores de la América se reunieron en Perú para abordar la crisis de Venezuela. Doce de ellos, 11 gobiernos latinoamericanos y Canadá, firmaron la Declaración de Lima, una declaración general que condena el asalto al orden democrático y la violación sistemática de los derechos humanos en Venezuela. Los 12 declararon que no reconocerían ni a la Asamblea Constituyente ni a sus resoluciones, se comprometieron a detener la transferencia de armas a Venezuela y expresaron preocupación por la crisis humanitaria y la negativa del gobierno a aceptar la ayuda humanitaria internacional. También indicaron su voluntad de apoyar los esfuerzos hacia negociaciones creíbles y de buena fe destinadas a restaurar la democracia en el país de manera pacífica. El gobierno venezolano se retiró de la Convención Americana sobre Derechos Humanos en

2013, dejando a los ciudadanos y residentes que ya no pueden solicitar la intervención de la Corte Interamericana de Derechos Humanos cuando los recursos locales para los abusos son ineficaces o no están disponibles.

Sin embargo, la Comisión Interamericana de Derechos Humanos (CIDH) continúa vigilando a Venezuela, aplicando la Declaración Americana de Derechos y Deberes del Hombre, que no es un instrumento sujeto a la ratificación de los estados. El Alto Comisionado de las Naciones Unidas para los Derechos Humanos publicó un informe en agosto de 2017, concluyendo que las autoridades venezolanas habían cometido abusos y violaciones de derechos humanos en respuesta a las protestas antigubernamentales. El informe dice que "el uso generalizado y sistemático de fuerza excesiva durante las manifestaciones y la detención arbitraria de manifestantes y opositores políticos percibidos indica que estos no fueron actos ilegales o deshonestos de funcionarios aislados". En septiembre, el alto comisionado presentó sus hallazgos ante el Consejo de Derechos Humanos de la ONU, diciendo que "los crímenes de lesa humanidad pueden haberse cometido" en Venezuela y pidiendo una investigación internacional.

Numerosos estados expresaron su seria preocupación por las violaciones de derechos humanos en el país. En 2015, el presidente de Estados Unidos, Barack Obama, emitió una orden ejecutiva que impone sanciones específicas contra siete funcionarios del gobierno venezolano. En julio de 2016, el Congreso de los EE. UU. Extendió hasta 2019 su autoridad para congelar activos y negar visas a los funcionarios acusados de cometer abusos contra manifestantes antigubernamentales durante las protestas de 2014. En 2017, el gobierno de EE. UU. Emitió sanciones adicionales contra funcionarios clave de Venezuela, incluido el presidente Maduro, así como sanciones financieras que incluyen una prohibición de las transacciones con nuevas acciones y bonos emitidos por el gobierno venezolano y su empresa petrolera estatal.

El Presidente Trump amenazó en agosto de 2017 de usar la fuerza militar contra Venezuela, sin embargo, fue objeto de críticas generalizadas en la región. La Unión Europea ha expresado en repetidas ocasiones su preocupación por el deterioro de la situación en Venezuela, condenando la violenta represión de las protestas pacíficas y la persecución de los opositores políticos. En noviembre, impuso un embargo de armas a Venezuela y fijó sanciones contra funcionarios venezolanos. Los esfuerzos internacionales para mediar entre el gobierno y la oposición para restablecer el orden democrático en Venezuela no han dado resultados significativos. Como miembro del Consejo de Derechos Humanos de la ONU, Venezuela ha votado regularmente para evitar el escrutinio de las violaciones de los derechos humanos en otros países, oponiéndose a resoluciones que destacan los abusos en países como Siria, Bielorrusia, Burundi e Irán.

Sanciones de EEUU[xviii]

Los Estados Unidos, frente a la amenaza de seguridad que la llamada Revolución Bolivariana representa para la Región, han promulgado las siguientes medidas legales contra la dictadura de Nicolás Maduro en esa parte del Planeta:

El programa de sanciones relacionado con Venezuela representa la implementación de múltiples autoridades legales. Algunas de estas autoridades tienen la forma de una orden ejecutiva emitida por el Presidente. Otras autoridades son leyes públicas (estatutos) aprobadas por el Congreso. Estas autoridades están además codificadas por la OFAC en sus reglamentos, que se publican en el Código de Reglamentos Federales (CFR).

Ordenes Ejecutivas:

- Orden ejecutiva: Bloqueo de la propiedad de personas adicionales que contribuyen a la situación en Venezuela (1 de noviembre de 2018)
- 13835 - Prohibición de ciertas transacciones adicionales con respecto a Venezuela (21 de mayo de 2018)
- 13827 - Tomando pasos adicionales para enfrentar la situación en Venezuela (19 de marzo de 2018)
- 13808 - Imposición de sanciones adicionales con respecto a la situación en Venezuela (24 de agosto de 2017)
- 13692 - Bloqueo de propiedad y suspensión del ingreso de ciertas personas que contribuyen a la situación en Venezuela (8 de marzo de 2015)

7

BUROCRACIA

La Declaración Universal de los Derechos Humanos[xix]

La Declaración Universal de los Derechos Humanos (DUDH) es un documento histórico en la historia de los derechos humanos. Redactada por representantes con diferentes antecedentes legales y culturales de todas las regiones del mundo, la Declaración fue proclamada por la Asamblea General de las Naciones Unidas en París el 10 de diciembre de 1948 (resolución 217 A de la Asamblea General) como un estándar común de logros para todos los pueblos y todas las naciones. Establece, por primera vez, la protección universal de los derechos humanos fundamentales y se ha traducido a más de 500 idiomas.

Preámbulo

Considerando que el reconocimiento de la dignidad inherente y de los derechos iguales e inalienables de todos los miembros de la familia humana es la base de la libertad, la justicia y la paz en el mundo,

Mientras que el desprecio y el desprecio por los derechos humanos han resultado en actos bárbaros que han indignado la conciencia de la humanidad, y el advenimiento de un mundo en el que los seres humanos disfrutarán de libertad de expresión y de creencias y la libertad del temor y la falta ha sido proclamado como la más alta aspiración. de la gente común,

Considerando que es esencial, si el hombre no debe ser obligado a recurrir, como último recurso, a la rebelión contra la tiranía y la opresión, los derechos humanos deben ser protegidos por el estado de derecho,

Considerando que es esencial promover el desarrollo de relaciones amistosas entre las naciones,

Mientras que los pueblos de las Naciones Unidas en la Carta han reafirmado su fe en los derechos humanos fundamentales, en la dignidad y el valor de la persona humana y en la igualdad de derechos de hombres y mujeres, y han decidido promover el progreso social y mejores niveles de vida en China. mayor libertad,

Considerando que los Estados miembros se han comprometido a lograr, en cooperación con las Naciones Unidas, la promoción del respeto universal y la observancia de los derechos humanos y las libertades fundamentales,

Considerando que una comprensión común de estos derechos y libertades es de la mayor importancia para la plena realización de este compromiso,

Ahora, por lo tanto, LA ASAMBLEA GENERAL proclama ESTA DECLARACIÓN UNIVERSAL DE DERECHOS HUMANOS como un estándar común de logros para todos los pueblos y todas las naciones, hasta el fin de que cada individuo y cada órgano de la sociedad, teniendo esta Declaración constantemente en mente, luchará por enseñar y educación para promover el respeto de estos derechos y libertades y mediante medidas progresivas, nacionales e internacionales, para garantizar su reconocimiento y observancia universal y efectiva, tanto entre los pueblos de los Estados miembros como entre los pueblos de los territorios bajo su jurisdicción.

Artículo 1.

Todos los seres humanos nacen libres e iguales en dignidad y derechos. Están dotados de razón y conciencia y deben actuar unos con otros en un espíritu de hermandad.

Artículo 2.

Todos tienen derecho a todos los derechos y libertades establecidos en esta Declaración, sin distinción de ningún tipo, como raza, color, sexo, idioma, religión, opinión política o de otro tipo, origen nacional o social, propiedad, nacimiento u otra condición. Además, no se hará ninguna distinción sobre la base del estatus político, jurisdiccional o internacional del país o territorio al que pertenece una persona, ya sea independiente, de confianza, no autónoma o bajo cualquier otra limitación de soberanía.

Artículo 3.

Toda persona tiene derecho a la vida, a la libertad ya la seguridad de su persona.

Artículo 4.

Nadie será sometido a esclavitud o servidumbre; La esclavitud y la trata de esclavos están prohibidas en todas sus formas.

Artículo 5.

Nadie será sometido a torturas ni a penas o tratos crueles, inhumanos o degradantes.

Artículo 6.

Toda persona tiene derecho al reconocimiento en todas partes como persona ante la ley.

Artículo 7.

Todos son iguales ante la ley y tienen derecho sin discriminación a igual protección de la ley. Todos tienen derecho a igual protección contra cualquier discriminación que infrinja esta Declaración y contra cualquier incitación a tal discriminación.

Artículo 8.

Toda persona tiene derecho a un recurso efectivo por parte de los tribunales nacionales competentes por actos que violen los derechos fundamentales que le otorgan la Constitución o la ley.

Artículo 9.

Nadie podrá ser sometido a detención arbitraria, detención o exilio.

Artículo 10.

Todos tienen derecho, en plena igualdad, a una audiencia justa y pública por parte de un tribunal independiente e imparcial, en la determinación de sus derechos y obligaciones y de cualquier cargo penal en su contra.

Artículo 11.

(1) Toda persona acusada de un delito penal tiene derecho a ser considerada inocente hasta que se demuestre su culpabilidad de acuerdo con la ley en un juicio público en el que ha contado con todas las garantías necesarias para su defensa.

(2) Nadie será declarado culpable de ningún delito penal por un acto u omisión que no constituya un delito penal, en virtud del derecho nacional o internacional, en el momento en que se cometió. Tampoco se impondrá una pena más severa que la que se aplicó en el momento en que se cometió el delito.

Artículo 12.

Nadie podrá ser sometido a injerencias arbitrarias en su privacidad, familia, hogar o correspondencia, ni a ataques a su honor y reputación. Toda persona tiene derecho a la protección de la ley contra tales interferencias o ataques.

Artículo 13.

(1) Toda persona tiene derecho a la libertad de movimiento y residencia dentro de los límites de cada estado.

(2) Toda persona tiene derecho a abandonar cualquier país, incluido el suyo, y a regresar a su país.

Artículo 14.

(1) Toda persona tiene derecho a buscar y disfrutar en otros países del asilo de la persecución.

(2) Este derecho no puede ser invocado en el caso de enjuiciamientos que surjan genuinamente de delitos no políticos o de actos contrarios a los propósitos y principios de las Naciones Unidas.

Artículo 15.

(1) Toda persona tiene derecho a una nacionalidad.

(2) Nadie será privado arbitrariamente de su nacionalidad ni se le negará el derecho a cambiar de nacionalidad.

Artículo 16.

(1) Los hombres y mujeres mayores de edad, sin ninguna limitación por motivos de raza, nacionalidad o religión, tienen derecho a contraer matrimonio y fundar una familia. Tienen derecho a la igualdad de derechos en cuanto al matrimonio, durante el matrimonio y en su disolución.

(2) El matrimonio se celebrará únicamente con el libre y pleno consentimiento de los futuros cónyuges.

(3) La familia es la unidad de grupo natural y fundamental de la sociedad y tiene derecho a la protección de la sociedad y el Estado.

Artículo 17.

(1) Todas las personas tienen derecho a poseer propiedades solas y en asociación con otras personas.

(2) Nadie será privado arbitrariamente de su propiedad.

Artículo 18.

Toda persona tiene derecho a la libertad de pensamiento, de conciencia y de religión; este derecho incluye la libertad de cambiar su religión o creencia, y la libertad, ya sea solo o en comunidad con otros y en público o en privado, para manifestar su religión o creencia en la enseñanza, la práctica, el culto y la observancia.

Artículo 19.

Toda persona tiene derecho a la libertad de opinión y de expresión; este derecho incluye la libertad de mantener opiniones sin interferencia y de buscar, recibir e impartir información e ideas a través de cualquier medio y sin importar las fronteras.

Artículo 20.

(1) Toda persona tiene derecho a la libertad de reunión y asociación pacífica.

(2) Nadie puede ser obligado a pertenecer a una asociación.

Artículo 21.

(1) Toda persona tiene derecho a participar en el gobierno de su país, directamente o por medio de representantes libremente elegidos.

(2) Toda persona tiene el derecho de igual acceso al servicio público en su país.

(3) La voluntad del pueblo será la base de la autoridad del gobierno; esta voluntad se expresará en elecciones periódicas y genuinas que se realizarán por sufragio

universal e igual y se celebrarán por votación secreta o mediante procedimientos de votación libre equivalentes.

Artículo 22.

Todos, como miembros de la sociedad, tienen derecho a la seguridad social y tienen derecho a la realización, a través del esfuerzo nacional y la cooperación internacional y de acuerdo con la organización y los recursos de cada Estado, de los derechos económicos, sociales y culturales indispensables para Su dignidad y el libre desarrollo de su personalidad.

Artículo 23.

(1) Toda persona tiene derecho al trabajo, a la libre elección de empleo, a condiciones de trabajo justas y favorables ya la protección contra el desempleo.

(2) Todos, sin discriminación alguna, tienen derecho a igual salario por igual trabajo.

(3) Toda persona que trabaja tiene derecho a una remuneración justa y favorable que garantice para él y su familia una existencia digna de la dignidad humana, y que se complemente, si es necesario, con otros medios de protección social.

(4) Toda persona tiene derecho a formar y afiliarse a sindicatos para proteger sus intereses.

Artículo 24.

Toda persona tiene derecho al descanso y al ocio, incluida la limitación razonable de las horas de trabajo y las vacaciones periódicas pagadas.

Artículo 25.

(1) Toda persona tiene derecho a un nivel de vida adecuado para la salud y el bienestar de sí mismo y de su familia, incluidos los alimentos, la ropa, la vivienda y la atención médica y los servicios sociales necesarios, y el derecho a la seguridad en caso de Desempleo, enfermedad, discapacidad, viudez, vejez u otra falta de sustento en circunstancias fuera de su control.

(2) La maternidad y la infancia tienen derecho a cuidados y asistencia especiales. Todos los niños, ya sean nacidos dentro o fuera del matrimonio, gozarán de la misma protección social.

Articulo 26.

(1) Toda persona tiene derecho a la educación. La educación debe ser gratuita, al menos en las etapas elementales y fundamentales. La educación elemental será obligatoria. La educación técnica y profesional se pondrá a disposición general y la educación superior será igualmente accesible para todos sobre la base del mérito.

(2) La educación se dirigirá al desarrollo pleno de la personalidad humana y al fortalecimiento del respeto por

los derechos humanos y las libertades fundamentales. Promoverá la comprensión, la tolerancia y la amistad entre todas las naciones, grupos raciales o religiosos, y promoverá las actividades de las Naciones Unidas para el mantenimiento de la paz.

(3) Los padres tienen el derecho previo de elegir el tipo de educación que se les dará a sus hijos.

Artículo 27.

(1) Todas las personas tienen el derecho de participar libremente en la vida cultural de la comunidad, disfrutar de las artes y compartir los avances científicos y sus beneficios.

(2) Toda persona tiene derecho a la protección de los intereses morales y materiales resultantes de cualquier producción científica, literaria o artística de la que sea autor.

Artículo 28.

Todas las personas tienen derecho a un orden social e internacional en el que los derechos y libertades establecidos en esta Declaración se puedan realizar plenamente.

Artículo 29.

(1) Todos tienen deberes para con la comunidad en los que solo el desarrollo libre y completo de su personalidad es posible.

(2) En el ejercicio de sus derechos y libertades, todo el mundo estará sujeto a las limitaciones que determine la ley con el único fin de garantizar el debido reconocimiento y respeto de los derechos y libertades de los demás y de cumplir con los requisitos justos de la moralidad. El orden público y el bienestar general en una sociedad democrática.

(3) Estos derechos y libertades no pueden, en ningún caso, ejercerse en contra de los propósitos y principios de las Naciones Unidas.

Artículo 30.

Nada en esta Declaración puede interpretarse como que implica para cualquier Estado, grupo o persona cualquier derecho a participar en cualquier actividad o realizar cualquier acto destinado a la destrucción de cualquiera de los derechos y libertades establecidos en este documento.

Estados Unidos

Todos los años, las personas vienen a los Estados Unidos en busca de protección porque han sufrido persecución o temen sufrir persecución debido a:

- Raza
- Religión
- Nacionalidad
- Membresía en un grupo social particular
- Opinión política

Si usted es elegible para el asilo, se le puede permitir permanecer en los Estados Unidos. Para solicitar Asilo, presente un Formulario I-589, Solicitud de Asilo y Retención de Remoción, dentro de un año de su llegada a los Estados Unidos. No hay tarifa para solicitar el asilo. Puede incluir a su cónyuge e hijos que se encuentran en los Estados Unidos en su solicitud al momento de presentar su solicitud o en cualquier momento hasta que se tome una decisión final sobre su caso. Para incluir a su hijo en su solicitud, debe ser menor de 21 años y no estar casado.[xx]

Ley de Inmigración y Nacionalidad de 1965

La Ley de Inmigración y Nacionalidad de 1965 (HR 2580, Pub.L 89-236, 79 Stat.911, promulgada el 30 de junio de 1968), también conocida como la Ley Hart-Celler, cambió la forma en que se asignaron las cuotas al poner fin a la Fórmula Nacional de Orígenes que había estado vigente en los Estados Unidos desde la Ley de Cuotas de Emergencia de 1921. El Representante Emanuel Celler de Nueva York propuso el proyecto de ley, el Senador Philip Hart de Michigan lo copatrocinó y el Senador Ted Kennedy de Massachusetts ayudó a promoverlo.

La Ley Hart-Celler abolió el sistema de cuotas basado en los orígenes nacionales que había sido la política de inmigración estadounidense desde la década de 1920. La Ley de 1965 marcó el cambio de la anterior política de los Estados Unidos que había discriminado a los europeos del sur. Al eliminar las barreras raciales y nacionales, la Ley alteraría significativamente la mezcla demográfica en los EE. UU.

La nueva ley mantuvo los límites por país, pero también creó categorías de visas de preferencia que se enfocaron en las habilidades de los inmigrantes y las relaciones familiares con los ciudadanos o residentes de los EE. UU. El proyecto de ley estableció restricciones numéricas para las visas en 170,000 por año, con una Cuota por país de origen. Sin embargo, los familiares inmediatos de los ciudadanos estadounidenses y los "inmigrantes especiales" no tenían restricciones.[xxi]

INA: ACTO 208 - ASILO[xxii]

Sec. 208. (a) Autoridad para solicitar asilo.-

(1) En general. - Cualquier extranjero que esté físicamente presente en los Estados Unidos o que llegue a los Estados Unidos (ya sea en un puerto designado de llegada e incluyendo a un extranjero que sea llevado a los Estados Unidos después de haber sido interceptado en aguas internacionales o de los Estados Unidos), independientemente del estado de dicho extranjero, puede solicitar asilo de acuerdo con esta sección o, cuando corresponda, la sección 235 (b).

(2) Excepciones. -

(A) Tercer país seguro. - El párrafo (1) no se aplicará a un extranjero si el Fiscal General determina que el extranjero puede ser removido, de conformidad con un acuerdo bilateral o multilateral, a un país (que no sea el país de la nacionalidad del extranjero o, en el caso de un extranjero que no tiene nacionalidad, el país de la última residencia habitual del extranjero) en el que la vida o la libertad del extranjero no se vería amenazada por motivos de raza, religión, nacionalidad, pertenencia a un grupo social particular u opinión política, y dónde lo haría el extranjero tener acceso a un procedimiento completo y justo para determinar una solicitud de asilo o protección temporal equivalente, a menos que el Fiscal General determine que es de interés público que el extranjero reciba asilo en los Estados Unidos.

(B) Tiempo límite. - Sujeto al subpárrafo (D), el párrafo (1) no se aplicará a un extranjero a menos que el extranjero demuestre con evidencia clara y convincente que la solicitud se ha presentado dentro de 1 año después de la fecha de llegada del extranjero a los Estados Unidos.

(C) Solicitudes de asilo anteriores. - Sujeto al subpárrafo (D), el párrafo (1) no se aplicará a un extranjero si el extranjero ha solicitado asilo previamente y se le ha negado tal solicitud.

(D) Condiciones cambiadas. - Una solicitud de asilo de un extranjero puede ser considerada, sin perjuicio de los subpárrafos (B) y (C), si el extranjero demuestra a satisfacción del Fiscal General, ya sea la existencia de circunstancias cambiadas que afecten de manera importante la elegibilidad del solicitante para el asilo o circunstancias extraordinarias, relacionadas con la demora en la presentación de la solicitud dentro del período especificado en el subpárrafo (B). (E) 7 / APLICABILIDAD: los subpárrafos (A) y (B) no se aplicarán a un niño extranjero no acompañado (según se define en la sección 462 (g) de la Ley de Seguridad Nacional de 2002 (6 U.S.C. 279 (g))).

(3) Limitación en la revisión judicial.3 / 4 Ningún tribunal tendrá jurisdicción para revisar cualquier determinación del Procurador General conforme al párrafo (2).

(b) Condiciones para la concesión de asilo. -

(1) En general. - (A) ELEGIBILIDAD: El Secretario de Seguridad Nacional o el Fiscal General pueden otorgar asilo a un extranjero que haya solicitado asilo de acuerdo con los requisitos y procedimientos establecidos por el Secretario de Seguridad Nacional o el Fiscal General en esta sección si el Secretario de Seguridad Nacional o el Fiscal General determina que dicho extranjero es un refugiado en el sentido de la sección 101 (a) (42) (A).

(B) CARGA DE PRUEBA

(i) EN GENERAL: la carga de la prueba recae en el solicitante para establecer que el solicitante es un refugiado, en el sentido del artículo 101 (a) (42) (A). Para establecer que el solicitante es un refugiado en el sentido de dicha sección, el solicitante debe establecer que la raza, religión, nacionalidad, pertenencia a un grupo social particular u opinión política fue o será al menos una razón central para perseguir al solicitante.

(ii) CARGA SOSTENIDA: el testimonio del solicitante puede ser suficiente para sostener la carga del solicitante sin corroboración, pero solo si el solicitante satisface el hecho de que el testimonio del solicitante es creíble, persuasivo y se refiere a hechos específicos suficientes para demostrar que el solicitante es un refugiado. Al determinar si el solicitante ha cumplido con la carga del solicitante, el comprobante de hecho puede sopesar el testimonio creíble junto con otra evidencia de registro. Cuando el verificador de hecho determina que el solicitante debe proporcionar evidencia que corrobore un testimonio creíble, dicha evidencia se debe proporcionar a menos que el solicitante no tenga la evidencia y no pueda obtener la evidencia de manera razonable.

(iii) DETERMINACIÓN DE CREDIBILIDAD: considerando la totalidad de las circunstancias y todos los factores relevantes, un verificador de hechos puede basar una determinación de credibilidad en el comportamiento, la franqueza o la capacidad de respuesta del solicitante o testigo, la plausibilidad inherente de la cuenta del solicitante o testigo, la coherencia entre las declaraciones escritas y orales del solicitante o del testigo (siempre que se haga y esté o no bajo juramento, y teniendo en cuenta las circunstancias en las que se hicieron las declaraciones), la coherencia interna de cada declaración, la coherencia de dichas declaraciones con otras pruebas de los registros (incluidos los informes del Departamento de Estado sobre las condiciones del país) y cualquier inexactitud o falsedad en dichas declaraciones, sin importar si una inconsistencia, inexactitud o falsedad se encuentra en el centro de la reclamación del solicitante, o cualquier otro factor relevante . No hay una presunción de credibilidad, sin embargo, si no se realiza una determinación de credibilidad adversa explícitamente, el solicitante o testigo tendrá una presunción de credibilidad refutable en la apelación.

(2) Excepciones. -

(A) En general. - El párrafo (1) no se aplicará a un extranjero si el Fiscal General determina que -

(i) el extranjero ordenado, incitado, asistido o de alguna manera participó en la persecución de cualquier persona por motivos de raza, religión, nacionalidad, membresía en un grupo social particular u opinión política;

(ii) el extranjero, al haber sido condenado por un fallo final de un delito particularmente grave, constituye un peligro para la comunidad de los Estados Unidos;

(iii) existen razones serias para creer que el extranjero ha cometido un delito grave no político fuera de los Estados Unidos antes de la llegada del extranjero a los Estados Unidos;

(iv) existen motivos razonables para considerar al extranjero como un peligro para la seguridad de los Estados Unidos;

(v) el extranjero se describe en la subcláusula (I), (II), (III), (IV) o (VI) de la sección 212 (a) (3) (B) (i) o la sección 237 (a) (4) (B) (relacionado con la actividad terrorista), a menos que, en el caso de un extranjero descrito en la subcláusula (IV) de la sección 212 (a) (3) (B) (i), el Fiscal General determine , a discreción del Fiscal General, que no existen motivos razonables para considerar al extranjero como un peligro para la seguridad de los Estados Unidos; o

(vi) el extranjero fue reasentado firmemente en otro país antes de llegar a los Estados Unidos.

(B) Reglas especiales.-

(i) Condena por delito grave agravado. - A los fines de la cláusula (ii) del subpárrafo (A), se considerará que un extranjero que ha sido condenado por un delito grave con agravante ha sido condenado por un delito especialmente grave.

(ii) Delitos. - El Procurador General puede designar por delitos reglamentarios que se considerarán delitos descritos en la cláusula (ii) o (iii) del subpárrafo (A).

(C) Limitaciones adicionales. - El Procurador General puede, mediante reglamento, establecer limitaciones y condiciones adicionales, de conformidad con esta sección, según las cuales un extranjero no será elegible para el asilo según el párrafo (1).

(D) No hay revisión judicial. - No habrá una revisión judicial de una determinación del Procurador General en virtud del subpárrafo (A) (v).

(3) TRATAMIENTO DE LA ESPOSA Y DE LOS NIÑOS.

(A) EN GENERAL: un cónyuge o hijo (según se define en la sección 101 (b) (1) (A), (B), (C), (D) o (E)) de un extranjero al que se le concede asilo bajo esta subsección, si no es elegible para asilo en virtud de esta sección, se le puede otorgar el mismo estatus que el extranjero si acompaña, o después de unirse, a dicho extranjero.

(B) CLASIFICACIÓN CONTINUA DE CIERTOS EXTRANJEROS COMO NIÑOS: un extranjero soltero que busca acompañar o seguir para unirse, un padre que recibió asilo en esta subsección y que tenía menos de 21 años en la fecha en que dicho padre solicitó asilo bajo esta sección, se continuará clasificando como un niño a los fines de este párrafo y la sección 209 (b) (3), si el extranjero cumplió 21 años de edad después de que se presentó dicha solicitud pero mientras estaba pendiente.

(C) JURISDICCIÓN INICIAL- Un oficial de asilo (según se define en la sección 235 (b) (1) (E)) tendrá jurisdicción inicial sobre cualquier solicitud de asilo presentada por un niño extranjero no acompañado (según se define en la sección 462 (g) del Ley de Seguridad Nacional de 2002 (6 USC 279 (g)), independientemente de que se presente de acuerdo con esta sección o la sección 235 (b).

(c) Estado de asilo. -

(1) En general.- En el caso de un extranjero al que se concede asilo en virtud del inciso (b), el Fiscal General:

(A) no retirará ni devolverá al extranjero al país de nacionalidad del extranjero o, en el caso de una persona que no tenga nacionalidad, el país de la última residencia habitual del extranjero;

(B) autorizará al extranjero a realizar un empleo en los Estados Unidos y le proporcionará el respaldo adecuado de esa autorización; y

(C) puede permitir que el extranjero viaje al extranjero con el consentimiento previo del Fiscal General.

(2) Terminación del asilo. - El asilo otorgado en virtud de la subsección (b) no transmite el derecho a permanecer

permanentemente en los Estados Unidos, y puede ser cancelado si el Fiscal General determina que -

(A) el extranjero ya no cumple con las condiciones descritas en la subsección (b) (1) debido a un cambio fundamental en las circunstancias;

(B) el extranjero cumple con una condición descrita en la subsección (b) (2);

(C) el extranjero puede ser trasladado, de conformidad con un acuerdo bilateral o multilateral, a un país (que no sea el país de la nacionalidad del extranjero o, en el caso de un extranjero sin nacionalidad, el país de la última residencia habitual del extranjero) en el que la vida o la libertad del extranjero no se vería amenazada por motivos de raza, religión, nacionalidad, pertenencia a un grupo social particular u opinión política, y donde el extranjero es elegible para recibir asilo o protección temporal equivalente;

(D) el extranjero se ha valido voluntariamente de la protección del país de nacionalidad del extranjero o, en el caso de que un extranjero no tenga nacionalidad, el país de residencia habitual del extranjero, al regresar a dicho país con estatus de residente permanente o la posibilidad razonable de obtener dicho estatus con los mismos derechos y obligaciones correspondientes a otros residentes permanentes de ese país; o

(E) el extranjero ha adquirido una nueva nacionalidad y disfruta de la protección del país de su nueva nacionalidad.

(3) Remoción cuando se termina el asilo. - Un extranjero descrito en el párrafo (2) está sujeto a cualquier motivo aplicable de inadmisibilidad o deportabilidad según la sección 212 (a) y 237 (a), y la remoción o devolución del extranjero deberá ser dirigida por el Fiscal General de acuerdo con las secciones 240 y 241.

(d) Procedimiento de asilo. -

(1) Aplicaciones. - El Fiscal General establecerá un procedimiento para la consideración de las solicitudes de asilo presentadas en virtud del inciso (a). El Procurador General puede requerir que los solicitantes presenten huellas dactilares y una fotografía en ese momento y de la manera que determine el Fiscal General.

(2) Empleo. - Un solicitante de asilo no tiene derecho a una autorización de empleo, pero tal autorización puede ser provista bajo la regulación del Procurador General. A un solicitante que no sea elegible para una autorización de empleo no se le otorgará dicha autorización antes de

los 180 días posteriores a la fecha de presentación de la solicitud de asilo.

(3) Honorarios. - El Procurador General puede imponer honorarios por la consideración de una solicitud de asilo, por una autorización de empleo según esta sección y por un ajuste de estatus según la sección 209 (b). Dichas tarifas no excederán los costos del Procurador General al adjudicar las solicitudes. El Procurador General puede prever la evaluación y el pago de dichos honorarios durante un período de tiempo o en cuotas. Nada de lo dispuesto en este párrafo se interpretará en el sentido de requerir que el Procurador General cobre los honorarios por los servicios de adjudicación a solicitantes de asilo, o que limite la autoridad del Fiscal General para establecer los honorarios de adjudicación y naturalización de acuerdo con la sección 286 (m).

(4) Aviso de privilegio de abogado y consecuencias de aplicación frívola. - Al momento de presentar una solicitud de asilo, el Fiscal General deberá:

(A) notifique al extranjero el privilegio de estar representado por un abogado y las consecuencias, conforme al párrafo (6), de presentar a sabiendas una solicitud frívola de asilo; y

(B) proporcione al extranjero una lista de personas (actualizadas no menos de una vez al trimestre) que hayan indicado su disponibilidad para representar a los extranjeros en los procedimientos de asilo de forma gratuita.

(5) Consideración de solicitudes de asilo. -

(A) Procedimientos. - El procedimiento establecido en el párrafo (1) estipulará que: (i) el asilo no puede otorgarse hasta que la identidad del solicitante haya sido verificada contra todos los registros o bases de datos apropiados mantenidos por el Fiscal General y el Secretario de Estado, incluyendo el Visa Lookout System, para determinar los motivos por los cuales el extranjero puede ser inadmisible o deportable desde los Estados Unidos, o no ser elegible para solicitar o recibir asilo;

(ii) en ausencia de circunstancias excepcionales, la entrevista inicial o la audiencia sobre la solicitud de asilo comenzará a más tardar 45 días después de la fecha de presentación de la solicitud;

(iii) en ausencia de circunstancias excepcionales, la adjudicación administrativa final de la solicitud de asilo, sin incluir la apelación administrativa, se completará dentro de los 180 días posteriores a la fecha de presentación de la solicitud;

(iv) cualquier apelación administrativa deberá presentarse dentro de los 30 días posteriores a la decisión que otorgue o deniegue el asilo, o dentro de los 30 días posteriores a la finalización de los procedimientos de expulsión ante un juez de inmigración conforme a la sección 240, lo que ocurra más adelante; y

(v) en el caso de un solicitante de asilo que no presente una autorización previa o en ausencia de circunstancias excepcionales para presentarse a una entrevista o audiencia, incluida una audiencia según la sección 240, la solicitud puede ser rechazada o el solicitante puede ser sancionado de otra manera por tal fracaso.

(B) Condiciones reglamentarias adicionales. - El Procurador General puede establecer por reglamento cualquier otra condición o limitación en la consideración de una solicitud de asilo que no sea incompatible con esta Ley.

(6) Aplicaciones frívolas. - Si el Procurador General determina que un extranjero a sabiendas ha presentado una solicitud frívola de asilo y el extranjero ha recibido la notificación conforme al párrafo (4) (A), el extranjero no será elegible para ningún beneficio bajo esta Ley, vigente a partir del Fecha de una determinación definitiva sobre dicha solicitud.

(7) No hay derecho privado de acción. - Nada en esta subsección se interpretará para crear ningún derecho o beneficio sustantivo o procesal que sea legalmente ejecutable por cualquiera de las partes contra los Estados Unidos o sus agencias u oficiales o cualquier otra persona.

(e) Comunidad de las Islas Marianas del Norte-
Las disposiciones de esta sección y la sección 209 (b) se aplicarán a las personas físicamente presentes en el Commonwealth de las Islas Marianas del Norte o que lleguen al Commonwealth (ya sea que se encuentren en un puerto de llegada designado e incluyan a las personas que son traídas al Commonwealth después de habiendo sido interceptado en aguas internacionales o de los Estados Unidos) solo a partir del 1 de enero de 2014.

Europa

Admisibilidad, responsabilidad y seguridad en los procedimientos de asilo en Europa[xxiii]

En el cumplimiento de sus obligaciones internacionales, los estados europeos y de la UE han desarrollado sofisticados sistemas de asilo basados en herramientas complejas de procedimiento. En algunos casos, las herramientas se diseñan y se usan con el fin de evitar la responsabilidad de los refugiados, ya que permiten que las reclamaciones se consideren inadmisibles antes de analizar el contenido de la reclamación. El reciente acuerdo entre la UE y Turquía y la propuesta de la Comisión Europea para procedimientos de asilo armonizados bajo un Reglamento de Procedimientos de Asilo, por ejemplo, giran en torno a conceptos como "tercer país seguro" y "primer país de asilo". Un informe lanzado hoy por la Base de datos de información sobre asilo (AIDA), gestionado por el Consejo Europeo sobre Refugiados y Exiliados (ECRE), documenta la aplicación limitada y fragmentada de los conceptos de admisibilidad y de país seguro en 20 países europeos.

"La última reforma del Sistema Europeo de Asilo Común pone los conceptos de admisibilidad, responsabilidad y seguridad a la vanguardia de los procedimientos de asilo europeos, al introducir la obligación de los Estados miembros de considerar las solicitudes inadmisibles sobre la base de 'primer país de asilo' y ' terrenos seguros de terceros países", dice Minos Mouzourakis, Coordinador de AIDA. "Sin embargo, tal movimiento parece mal adaptado en ausencia de conocimiento basado en evidencia sobre el uso e interpretación de estos conceptos en todo el continente".

enbuscadeasilo.com

La reciente introducción de listas amplias de "terceros países seguros" en países como Hungría, así como la presión ejercida sobre Grecia para aplicar el concepto tras el acuerdo entre la UE y Turquía, va en contra de la práctica en países con conceptos de país seguro más arraigados en los procedimientos de asilo. Los países con más experiencia y, a menudo, orientación judicial, en la aplicación del concepto de "tercer país seguro" han aclarado que no se puede considerar que un solicitante de asilo tenga una "conexión suficiente" con un tercer país simplemente sobre la base del tránsito o la corta estadía.

El informe también analiza la implementación del Reglamento de Dublín y el plan de reubicación de emergencia, dos instrumentos que regulan la asignación de responsabilidades de asilo dentro de la UE. En lo que respecta a la reubicación, a pesar de las tasas de implementación extremadamente lentas en Europa, países como Francia y Portugal han diseñado procesos para el rápido procesamiento de las reclamaciones de personas reubicadas en su territorio y su asignación a las diferentes regiones donde se alojará a los solicitantes.

Sobre la base del informe AIDA, ECRE hace un llamamiento a los países europeos y las instituciones de la UE para que:

Publicar proactivamente estadísticas detalladas sobre elementos clave de sus procedimientos de asilo, como las decisiones de inadmisibilidad y la aplicación del Reglamento de Dublín, para promover debates basados en evidencia sobre el funcionamiento y los desafíos que enfrentan sus sistemas de asilo.

Mantenga la Convención de Refugiados de 1951 como el estándar de protección internacional y aplique los conceptos de "primer país de asilo" y "tercer país seguro" solo a un solicitante de asilo que ya haya sido reconocido como refugiado o pueda ser reconocido como refugiado de acuerdo con la Convención, y puede beneficiarse efectivamente de dicha protección;

Interpretar rigurosamente el criterio de "conexión suficiente" para los fines del concepto de "tercer país seguro", a fin de abstenerse de declarar las solicitudes de asilo inadmisibles por la única razón de que un solicitante de asilo haya transitado a través de un país considerado seguro.

Suspender firmemente el uso del procedimiento de Dublín con respecto a los países que demuestran riesgos de derechos humanos, en línea con la jurisprudencia nacional y europea. La suspensión clara de los procedimientos de Dublín garantizará la seguridad jurídica de los solicitantes de asilo, pero también una administración y asignación más eficientes de los recursos administrativos y financieros de las autoridades nacionales;

Intensificar sus esfuerzos para cumplir con los compromisos establecidos en las Decisiones de reubicación, basándose en la experiencia y las buenas prácticas desarrolladas por los Estados miembros que implementan la reubicación hasta la fecha. Los Estados también deben abstenerse de iniciar procedimientos de Dublín con respecto a los países que se benefician del esquema de reubicación, Italia y Grecia, ya que la aplicación del Reglamento de Dublín es contra intuitiva para aliviar la presión sobre los sistemas de asilo de esos países.

Sur África

Estatus de Refugiado y Asilo[xxiv]

PROCEDIMIENTO GENERAL: APLICACIÓN DE ASILO

Un Aplicante de Asilo

Es una persona que ha huido de su país de origen y busca reconocimiento y protección como refugiado en la

República de Sudáfrica, y cuya solicitud aún está bajo consideración.

En caso de una decisión negativa sobre su solicitud, tiene que abandonar el país voluntariamente o será deportado.

Un refugiado

Es una persona a la que se le ha otorgado el estatus de asilo y protección en los términos del artículo 24 de la Ley de Refugiados No 130 de 1998.

Según la Convención de las Naciones Unidas de 1951, un refugiado puede ser un "refugiado de la convención" que haya abandonado su país de origen y tenga un temor fundado de persecución por motivos de raza, religión, nacionalidad, opinión política o pertenencia a un grupo social en particular. .

Bajo la misma convención, un refugiado también puede ser una persona "en necesidad de protección" cuya mudanza a su país de origen lo sometería personalmente a un peligro de tortura o a un riesgo para su vida o un riesgo de tratamiento o castigo cruel e inusual .

Papel del Gobierno de la República de Sudáfrica

El Gobierno de la República de Sudáfrica tiene la obligación de otorgar protección a los refugiados y otras personas que necesitan protección en virtud de varios

Convenios de las Naciones Unidas, como la Convención de 1951 sobre el Estatuto de los Refugiados.

Sin embargo, los refugiados de la Convención y las personas que necesitan protección basada en un riesgo para la vida, o un trato cruel e inusual deben haber afrontado personalmente el riesgo en todo el país en cuestión

Procedimiento de elegibilidad: solicitante de asilo

Una persona ingresa a la República de Sudáfrica a través de un puerto de entrada (un puesto fronterizo terrestre, un aeropuerto o un puerto), afirma ser un solicitante de asilo y, por lo tanto, se le otorga un Permiso de la sección 23 que es un "tránsito de asilo no renovable" de la Ley de Inmigración.

El permiso es válido solo por un período de 14 días y autoriza a la persona a presentarse en la Oficina de Recepción de Refugiados más cercana para solicitar asilo en los términos de la sección 21 de la Ley de Refugiados.

El solicitante de asilo debe proporcionar:

- Un permiso de la sección 23
- Cualquier prueba de identificación del país de origen.
- Un documento de viaje si está en posesión de uno

El solicitante de asilo presenta personalmente su solicitud en una Oficina de Recepción de Refugiados designada donde se lleva a cabo una audiencia de admisibilidad. Se hacen las siguientes:

- Las huellas dactilares del solicitante tomadas de la manera prescrita
- Interprete si está asegurado (si es necesario)
- Primera entrevista realizada por un Oficial de Recepción de Refugiados (RRO) y un formulario BI-1590 debidamente completado
- Datos e imagen del solicitante capturados en el sistema de refugiados.
- Un permiso de Solicitante de Asilo (un permiso de la sección 22) está impreso, firmado, sellado y expedido a la Solicitante de Asilo

El permiso de la sección 22, que es válido por un período de seis meses, legaliza la estadía del solicitante de asilo en la República de Sudáfrica en espera de una decisión final sobre su solicitud. El RRO puede extender el permiso por otros seis meses mientras el proceso de determinación del estado está en curso.

El titular del permiso de la sección 22 tiene derecho a trabajar y estudiar en Sudáfrica y está protegido contra la deportación a su país de origen.

Determinación de la condición de refugiado

Antes de que expire el permiso, el solicitante de asilo se reporta a la Oficina de Recepción de Refugiados para:

Una segunda entrevista es realizada por un Oficial de Determinación del Estatuto de Refugiado (RSDO)

La RSDO procede con una adjudicación justa de la solicitud, toma una decisión sobre las solicitudes de asilo y proporciona razones para las decisiones. La RSDO debe a la conclusión de la audiencia de determinación de estatus conceder asilo; o rechazar las solicitudes manifiestamente infundadas, abusivas o fraudulentas; o remita cualquier cuestión de ley al Comité Permanente para Asuntos de Refugiados (SCRA).

Cuando se concede asilo (reconocimiento por escrito de la condición de refugiado), a un refugiado generalmente se le otorga un permiso de la sección 24, que le permite a esa persona permanecer por un período específico de 2 años en Sudáfrica, y es renovable al vencimiento de su validez después del proceso de revisión por un RSDO. En este caso, el refugiado debe escribir una carta solicitando la extensión de su estatus de refugiado.

También se le permite trabajar y estudiar en Sudáfrica mientras el permiso sea válido.

Documentos de habilitación de refugiados

Un refugiado debe solicitar una identificación de refugiado en cualquier Oficina de Recepción de Refugiados dentro de los 15 días de la manera prescrita.

Después de recibir una identificación, un refugiado puede solicitar un UNCTD (documento de viaje de la Convención de las Naciones Unidas) en cualquier Oficina de Recepción de Refugiados de la manera prescrita.

Una identificación es gratis

Proceso de apelación y revisión

En caso de rechazo, un solicitante de asilo o refugiado que cree que tiene un temor fundado de persecución pero cuyo reclamo ha sido rechazado, puede decidir apelar la decisión de rechazo de la RSDO a la Junta de Apelación de Refugiados (RAB) en el de manera prescrita dentro de los 30 días posteriores a la entrega de la decisión.

La Junta de Apelaciones lleva a cabo una audiencia de apelación durante la cual el apelante que tiene derecho a una audiencia justa tiene los derechos de ser escuchado y de presentar su caso por completo. La Junta de Apelación de Refugiados es responsable de considerar y decidir las apelaciones sobre las decisiones tomadas por las RSDO.

El RAB puede, después de escuchar una apelación, confirmar o anular o sustituir la decisión de la RSDO.

Con respecto a las solicitudes manifiestamente infundadas, el Comité Permanente para Asuntos de Refugiados (SCRA, por sus siglas en inglés) revisa o confirma o anula las decisiones tomadas por la RSDO y remite los casos a la RSDO para su determinación dentro de los 14 días, así como supervisa en general las decisiones de la RSDO.

Certificación

El solicitante debe tener 5 años completos de residencia continua en la República de Sudáfrica como refugiado reconocido oficialmente, no como solicitante de asilo

Escriba una carta de solicitud explicando las razones para solicitar la certificación

Vaya a la oficina inicial de recepción de refugiados donde se presentó la solicitud de asilo por primera vez y complete el formulario. La Oficina de Recepción de Refugiados garantizará que el solicitante cumpla con todos los requisitos.

La solicitud se remitirá al Comité Permanente para Asuntos de Refugiados, que es el organismo establecido para certificar o no si el solicitante seguirá siendo refugiado por tiempo indefinido.

Si tiene éxito, el solicitante recibirá una "Certificación" o la Sección 27C que le permitirá solicitar en cualquier oficina de Asuntos del Hogar un "Permiso de Inmigración" o una "Residencia Permanente"

Instrumentos legales

Ley de refugiados, 1998 (N° 130 de 19998)

Convención de las Naciones Unidas sobre el Estatuto de los Refugiados de 1951.

Convención de la OUA de 1969 que rige los aspectos específicos de los problemas de los refugiados en África y el Protocolo de 1967 sobre el Estatuto de los Refugiados

Acuerdo básico de 1993 entre el Gobierno de Sudáfrica y el ACNUR.

La Ley de Inmigración

Estándar de servicio

Las solicitudes pueden demorar hasta seis meses.

Costo

No se pagan honorarios por las entrevistas de elegibilidad y determinación del estado, así como la emisión o renovación de la sección 22, sección 24 y la identificación de refugiado. El servicio a los solicitantes de asilo y refugiados es gratuito.

Se alienta a todos los solicitantes de asilo a reportar a cualquier persona que les exhorta dinero.

Australia

Los solicitantes de asilo que llegan a Australia sin una visa están sujetos a una serie de medidas punitivas que pueden perjudicar significativamente su salud mental y su bienestar general. Estas medidas también han afectado en gran medida su capacidad para participar de manera significativa en el proceso de determinación de la condición de refugiado. Incluyen:

- Esperar hasta cuatro años para que el gobierno le otorgue permiso para solicitar protección
- La imposibilidad de solicitar la residencia permanente
- La eliminación de asistencia legal gratuita (con pocas excepciones)
- La imposición de un proceso de determinación acelerado (vía rápida) sin garantías procesales adecuadas
- La incapacidad indefinida de reunirse con miembros de la familia inmediata.

Hay aproximadamente 30,000 solicitantes de asilo afectados por estas medidas, etiquetados por el Gobierno de Australia como el llamado "número de casos legado". La retórica política negativa y la estigmatización comunitaria resultante de este grupo de solicitantes de asilo también han tenido un impacto perjudicial en ellos.

enbuscadeasilo.com

Las personas que buscan protección internacional han sufrido experiencias traumáticas antes de llegar a Australia y su capacidad de recuperación se ve erosionada por las medidas punitivas que experimentan en Australia. Muchos solicitantes de asilo sufren trastornos mentales clínicamente diagnosticables, como ansiedad, trastornos depresivos y trastorno por estrés postraumático (TEPT).

La Representación Regional del ACNUR en Canberra vigila de cerca esta situación y trabaja para promover el respeto por los derechos humanos internacionales de los solicitantes de asilo en Australia.[xxv]

Evito decirlo, pero me gradué como Oficial del Ejército en la -hace mucho tiempo- respetable Academia Militar de Venezuela. Me encantó esa carrera y me gusta servir a las personas y la naturaleza, pero hoy en día es una lástima que un gran porcentaje mis compañeros de Ejército sean suficientemente responsables de una de las Crisis Humanitarias más rudas que Venezuela haya experimentado desde la Colonización. Después de esta triste experiencia que, al momento de publicar este libro, noviembre de 2018 no ha llegado a su final, y conociendo el comportamiento de otros Ejércitos de países como Myanmar, Corea del Norte, China, creo sinceramente que este tipo de Organizaciones Armadas deben desaparecer y/o usar sus Capacidades para salvar a los humanos de la pobreza en lugar de mantener a los dictadores o a ellos mismos en el Poder sobre los cuerpos inertes de sus compañeros habitantes de la Tierra.

enbuscadeasilo.com

NOTA A LA PRIMERA EDICION: La segunda parte de este libro la titulé: **PERMANECER CALLADO,** El único derecho que tenemos. Los Aliens Legales, publicado en 2023 la versión en Inglés y 2024 la versión en Español.

EL AUTOR

Juan Ramon Rodulfo Moya, **Definido por la Naturaleza**: Habitante del Planeta Tierra, Humano, Hijo de Eladio Rodulfo y Briceida Moya, Hermano de Gabriela, Gustavo y Katiuska, Padre de Gabriel y Sofía; **Definido por la sociedad**: Ciudadano venezolano (Derechos Humanos Limitados por defecto), Amigo de muchos, enemigo de pocos, Vecino, Estudiante / Profesor / Estudiante, Trabajador / Supervisor / Gerente / Líder / Trabajador, Esposo de K / Ex-Esposo de K / Esposo de Y; **Definido por la Oficina de Inmigración de EEUU**: Legal Alien; **Estudios en aula**: Maestría en Gerencia de Recursos Humanos, Inglés, Chino mandarín; **Estudios en el mundo real**: Comportamiento humano; **Estudios en casa**: Webmaster SEO, Diseño Gráfico, Desarrollo de Aplicaciones y Páginas Web, Mercadeo en Internet y Redes Sociales, Producción de video, Branding de YouTube, Part 107 Piloto Comercial de Dron, Importación-exportación, Mercadeo de afiliados, cocina,

enbuscadeasilo.com

lavandería, limpieza del hogar; **Experiencia laboral**: Sectores Público-Privado-Emprendedor; **Otras definiciones:** Bitcoin Evangelista, Defensor de los Derechos Humanos, la Paz y el Amor.

Publicaciones:

Libros:

- Why Maslow: How to use his theory to stay in Power Forever (EN/SP)
- Asylum Seekers (EN/SP)
- Manual for Gorillas: 9 Rules to be the "Fer-pect" Dictator (EN/SP)
- Why you must Play the Lottery (EN/SP)
- Para Español Oprima #2: Speaking Spanish in Times of Xenophobia (EN/SP)
- Cause of Death: IGNORANCE | Human Behavior in Times of PANIC (EN/SP)
- Politics explained for Millennials, GENs XYZ and future generations (EN/SP)
-| Las cenizas del Ejército Libertador (EN/SP)
- Remain Silent: The only right we have. The legal Aliens (EN)

enbuscadeasilo.com

- Fortune Cookie Coaching 88 Motivational Tips Made Of Fortune Cookies, Vol I (EN/SP);

Blogs:

Noticias de Nueva Esparta, Ubuntu Café, Coffee Secrets, Guaripete Pro, Rodulfox, Red Wasp Drone, Barista Pro, Gorila Travel, Fortune Cookie Coach, All Books, Vicky Toys.

Producciones Audiovisuales:

Podcasts:

Ubuntu Cafe | Vicky Erotic Tales | Fortune Cookie Coach | All Books, disponibles en: juanrodulfo.com/podcasts

Música:

Albums: Margarita | Race to Extinction | Relaxed Panda | Amazonia | Cassiopeia | Caracas | Arcoiris Musical | Close Your Eyes, disponibles en: juanrodulfo.com/music

Fotografía y Video:

A la venta en Adobe Stock, iStock, Shutterstock y Veectezy, disponible en: juanrodulfo.com/gallery

Perfiles de redes sociales:

Twitter / FB / Instagram / TikTok/ VK / Linkedin / Sina Weibo: **@rodulfox**

Google Author: https://g.co/kgs/grjtN5

Google Artist: https://g.co/kgs/H7Fiqg

Twitter: https://twitter.com/rodulfox

Facebook: https://facebook.com/rodulfox

LinkedIn: https://www.linkedin.com/in/rodulfox

Instagram: https://www.instagram.com/rodulfox/

VK: https://vk.com/rodulfox

TikTok: https://www.tiktok.com/@rodulfox

TradingView: https://www.tradingview.com/u/rodulfox/

Donde conseguir sus libros:

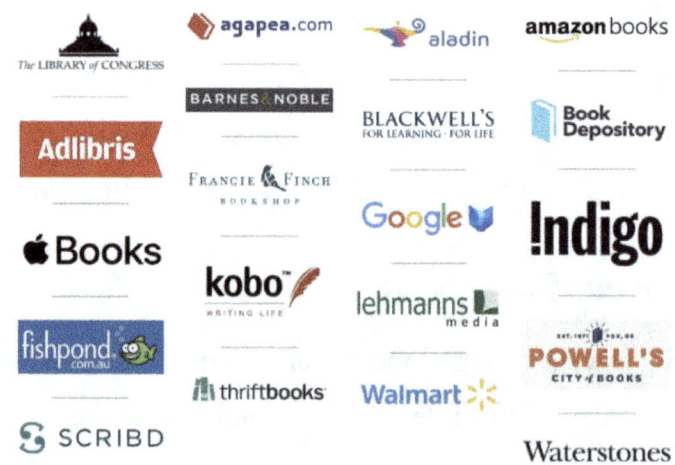

enbuscadeasilo.com

Barnes & Noble: http://bit.ly/3J8rbUP
Amazon Books: https://amzn.to/3yz0P9P
Apple Books: https://apple.co/3ZDLr84
Google Books: http://bit.ly/3yx3Ffy
Scribd: http://bit.ly/423ypCl
Agapea: http://bit.ly/3yuIuuj
Aladin: https://bit.ly/3LcYUiz
Adlibris: http://bit.ly/3J7oPmh
Blackwell's: http://bit.ly/3ZCZbQg
Book Depository: http://bit.ly/4247Gpa
Indigo: http://bit.ly/3TnJgDn
Fishpond: http://bit.ly/3J2cYZu
Kobo: http://bit.ly/3Tg4T8n
Lehmanns: http://bit.ly/3YJIvFs
Powell's: http://bit.ly/3ZIPb8m
Thriftbooks: http://bit.ly/3LgXXpM
Walmart: http://bit.ly/3Jc3rzm
Waterstones: http://bit.ly/3ZVevbn
Web Oficial: juanrodulfo.com

Referencias

[i] Definido en el Diccionario de Cambridge como "Un país con mucha actividad industrial y donde las personas generalmente tienen altos ingresos", Obtenido el 4 de noviembre de 2018 de: https://dictionary.cambridge.org/us/dictionary/english/developed-country . El sitio Web bdc va más allá con: "Los países desarrollados tienen una infraestructura tecnológica avanzada y tienen diversos sectores industriales y de servicios. Sus ciudadanos generalmente disfrutan de acceso a atención médica de calidad y educación superior ", Obtenido el 4 de noviembre de 2018 de: https://www.bdc.ca/en/articles-tools/entrepreneur-toolkit/templates-business-guides/glossary/pages/developed-country.aspx

[ii] Diccionario Collins, Consultado el 04 de noviembre de 2018, disponible en: https://www.collinsdictionary.com/us/dictionary/english/political-asylum

[iii] Termino Legal del Inglés Arcaico que significaba: Paz, seguridad o santuario impuesto o garantizado a principios de la Inglaterra Medieval

[iv] **Non-refoulement (/rəˈfuːlmɒ̃/)** es un principio fundamental del derecho internacional que prohíbe a un país que recibe a solicitantes de asilo devolverlo a un país en el que podría correr peligro de ser perseguido por "raza, religión, nacionalidad, pertenencia a un grupo social particular u opinión política". A diferencia del asilo político, que se aplica a aquellos que pueden probar un temor a la persecución basado en ciertas categorías de personas, la no devolución se refiere a la repatriación genérica de personas, incluidos los refugiados en zonas de guerra y otros lugares de desastre. Es un principio del derecho internacional consuetudinario, ya que se aplica incluso a los estados que no son parte de la Convención de 1951 sobre el Estatuto de los Refugiados o su Protocolo de 1967. También es un principio de la ley trucial de las naciones.

[v] La Ley de las Naciones o la Convención de Viena sobre el Derecho de los Tratados (VCLT) es un tratado que se refiere al derecho internacional sobre los tratados entre Estados. Fue adoptada el 23 de mayo de 1969 y abierta a la firma el 23 de mayo de 1969. La Convención entró en vigor el 27 de enero de 1980. La VCLT fue ratificada por 116 estados en enero de 2018. Algunos países que no han ratificado la Convención, como Los Estados Unidos, reconocen

partes de ella como una reexpresión del derecho consuetudinario y vinculante para ellos como tal.

[vi] Sadof Alexander, 8 Mitos peligrosos sobre refugiados desmentidos [8 Dangerous myths about refugees debunked], (18 de junio de 2018), Obtenido el 04 de noviembre de 2018 de: https://www.one.org/us/2018/06/18/dangerous-myths-refugees-debunked/?gclid=CjwKCAjwsfreBRB9EiwAikSUHeo2aGfhTuUUWyMvSiaBRfa9r6ypGOfyEhhSKJPIEIxhXNqcx78rQRoCY6cQAvD_BwE

[vii] Consejo de Refugiados, Los 20 principales datos sobre el asilo [Top 20 facts about asylum], Obtenido el 4 de noviembre de 2018 de: https://www.refugeecouncil.org.uk/latest/news/4548_top_20_facts_about_asylum

[viii] Wikipedia, Derecho de asilo [Right of Asylum], Obtenido el 4 de noviembre de 2018 de: https://en.wikipedia.org/wiki/Right_of_asylum

[ix] Nakamura David y Miroff Nick, The Washington Post, Trump anuncia un plan para impedir que algunos migrantes busquen asilo en la frontera de EE. UU. Y México, ofrece pocos detalles [Trump Announces plan to block some migrants from seeking asylum at the US-Mexico border, offers few details], (1 de noviembre de 2018), obtenido el 4 de noviembre de 2018 de: https: // www /washingtonpost.com / political / trump-says-he-esl-finalizing-plan-to-end-abuse-of-us-asylum-system-chowing-mass-tent-cities-to-hold-migrants / 2018/11 /01/90fb6252-ddec-11e8-b732-3c72cbf131f2_story.html?utm_term=.2a122bfef78b

[x] Hylton Wil S., The New York Times Magazine, Los campos de detención familiar la vergüenza de los Estados Unidos [The Shame of America's Family Detention Camps], (February 8, 2015), Retrieved November 04, 2018 from: https://www.nytimes.com/2015/02/08/magazine/the-shame-of-americas-family-detention-camps.html

[xi] Wheeler Lydia, DOJ Divulga datos sobre tasas de encarcelamiento de inmigrantes ilegales [DOJ Releases data on incarceration rates of illegal immigrants], (2 de mayo de 2017), Obtenido el 4 de noviembre de 2018 de: https://thehill.com/latino/331619-doj-releases-data-on-incarceration-rates-of-illegal-immigrants

[xii] Schonfeld Zach, John Oliver expone la injusticia absurda de los tribunales de inmigración en "Last Week Tonight" [John Oliver exposes the absurd injustice of Immigration Courts on "Last Week Tonight"], (2 de abril de 2018), obtenido el 4 de noviembre de 2018

de: https://www.newsweek.com/john-oliver-last-week-tonight-immigration-courts-868472

[xiii] Wintour Patrick, Mediterráneo: Más de 200 migrantes ahogados en tres días [Mediterranean: more than 200 migrants drown in three days], (July 3, 2018), Tomado en Noviembre 04, 2018 de: https://www.theguardian.com/world/2018/jul/03/mediterranean-migrants-drown-three-days-libya-italy

[xiv] BBC News, Myanmar Rohingya: Qué necesitas saber acerca de la crisis [Myanmar Rohingya: What you need to know about the crisis], (April 24, 2018), Tomado en Noviembre 04, 2018 de: https://www.bbc.com/news/world-asia-41566561

[xv] Informe de derechos humanos de Venezuela 2017 [[xv] Venezuela 2017 Human Rights Report], obtenido el 4 de noviembre de 2018 de: https://www.justice.gov/eoir/page/file/1057096/download

[xvi] Amnistía Internacional, Informe de Amnistía Internacional 2017/18 [, Amnesty International Report 2017/18], obtenido el 4 de noviembre de 2018 de:
https://www.justice.gov/sites/default/files/pages/attachments/2018/03/06/ai_2018.pdf#page=393

[xvii] Human Right Watch, País Sumario: Venezuela [Country Summary: Venezuela], (Enero 2018), Tomado en Noviembre 04, 2018 de: https://www.justice.gov/eoir/page/file/1043001/download

[xviii] US Department of Treasury, Venezuela Related Sanctions, Retrieved November 04, 2018 from:
https://www.treasury.gov/resource-center/sanctions/Programs/pages/venezuela.aspx

[xix] UNITED NATIONS, La Declaracion Universal de los Derechos Humanos [Universal Declaration of Human Rights], (Diciembre 10, 1948), Tomado en Noviembre 04, 2018 de:
http://www.un.org/en/universal-declaration-human-rights/

[xx] US Citizen and Immigration Services USCIS, Asilo [Asylum], Tomado en Noviembre 04, 2018 de:
https://www.uscis.gov/humanitarian/refugees-asylum/asylum

[xxi] Wikipedia, Ley de Inmigración y Nacionalidad de 1965 [Immigration and Nationality Act of 1965], Tomado en Noviembre 04, 2018 de:
https://en.wikipedia.org/wiki/Immigration_and_Nationality_Act_of_1965

[xxii] US Citizen and Immigration Services USCIS, INA: Acto 208 Asilo [INA: ACT 208 Asylum], Tomado en Noviembre 04, 2018 de: https://www.uscis.gov/ilink/docView/SLB/HTML/SLB/0-0-0-1/0-0-0-29/0-0-0-1687.html#0-0-0-192

xxiii Asylum Information Database (AIDA), Admissibility, responsibility and safety in European asylum procedures, (April 24, 2017), Retrieved November 04, 2018 from: https://www.asylumineurope.org/2016-ii

xxiv Department Home Affairs Republic of South Africa, Estatus de Refugiado y Asilo [Refugee Status & Asylum], Tomado en Noviembre 04, 2018 de: http://www.dha.gov.za/index.php/refugee-status-asylum

xxv The UN Refugee Agency (UNHCR), Asilo en Australia [Asylum in Australia], Tomado en Noviembre 04, 2018 de: http://www.unhcr.org/asylum-in-australia.html

www.ingramcontent.com/pod-product-compliance
Lightning Source LLC
LaVergne TN
LVHW012252070526
838201LV00111B/338/J